THE HAPPINESS REALIZATION PARTY

幸福実現党

かく戦えり

革命いまだ成らず

幸福の科学 第五編集局 編

『幸福実現党の目指すもの』

この国の政治に一本、精神的主柱《しゅちゅう》を立《た》てたい。
これが私のかねてからの願いである。
精神的主柱がなければ、国家は漂流《ひょうりゅう》し、
無告《むこく》の民《たみ》は、不幸のどん底へと突き落とされる。
この国の国民の未来を照らす光となりたい。
暗黒の夜に、不安におののいている世界の人々への、
灯台の光となりたい。
国を豊かにし、邪悪《じゃあく》なるものに負けない、

Prologue

不滅《ふめつ》の正義をうち立てたい。
人々を真なる幸福の実現へと導いていきたい。
この国に生まれ、この時代に生まれてよかったと、
人々が心の底から喜べるような世界を創りたい。
ユートピア創りの戦いは、まだ始まったばかりである。
しかし、この戦いに終わりはない。
果てしない未来へ、はるかなる無限遠点を目指して、
私たちの戦いは続いていくだろう。

幸福実現党創立者兼総裁　大川隆法

THE HAPPINESS REALIZATION PARTY

幸福実現党 かく戦えり

革命いまだ成らず

CONTENTS

グラビア特集
幸福実現党、かく戦えり

2009.4
幸福実現党宣言

「幸福実現党宣言」
そう演題が発表されると、聴衆に衝撃が走った。

ついに、大川隆法・幸福の科学総裁が
政治運動に身を投じる決断を下したのだ。
２００９年4月30日。
その後の伝説的な戦いは、この瞬間に幕を開けた。

マルクスとエンゲルスが
『共産党宣言』を記《しる》してから約１６０年、
ロシアで初の共産主義国家が誕生してから約90年、
「あの世もなければ神もいない」と考える唯物論をベースに、
人類を不幸にし続けてきた政治勢力を打ち砕くべく、
大川総裁はこう高らかに宣言した。

「マルクスの『共産党宣言』を永遠に葬《ほうむ》り去りたい」

2008 — 2009

迫り来る国難

幸福実現党が結党された
直接のきっかけは、
２００９年４月５日、
北朝鮮からミサイルが発射されたことだ。
ミサイルは日本上空を越えて太平洋沖に落ちた。
しかし、各メディアは、
ミサイルを「飛翔体」と呼んだ。
まるで平和な日常が今日も続いているかのように。

また、それに先立つ２００８年10月31日、
「日本は侵略国家であったのか」と題した論文を書いた、
自衛隊航空幕僚長・田母神《たもがみ》俊雄氏が
更迭《こうてつ》されたことも大きかった。
その論文の内容が、
日本は侵略国家であったとする
「村山談話」などの政府見解と異なっていたために、
麻生政権は、憂国の軍人をあっさりと切り捨ててしまった。

より深刻な国難が日本を襲ってこようとしているのに、
自民党政権では対応しきれない。
そう考えて、自ら立ち上がることにしたのだ。

幸福実現党 立党大会

2009.5

幸福実現党立党大会

「第一党を目指す」。
2009年の衆院選で幸福実現党は、
いきなり300人を超える候補者を擁立した。
自民党は頼りにならず、
ましてや民主党に任せるわけにもいかず、
自分たちで日本の未来に責任を負わねばならないと
考えたからだ。

インする

2009.5—7

この国の未来をデザ

救国の政策は、次々と打ち出された。
5月、6月、7月と、連日にわたる法話の収録で
大川隆法総裁が次々と明かした、
この国の未来をデザインするための政策の数々。
国防強化策から景気振興策、さらには
「新・日本国憲法 試案」まで。

それはまさに「国家百年の計」と呼ぶに
相応《ふさわ》しい壮大な未来ビジョンだった。
これらの政策の一部が、
後に民主党や自民党政権に模倣され、
実際に日本を衰亡の危機から救うことになるとは、
この時点では、誰も予想できなかった。

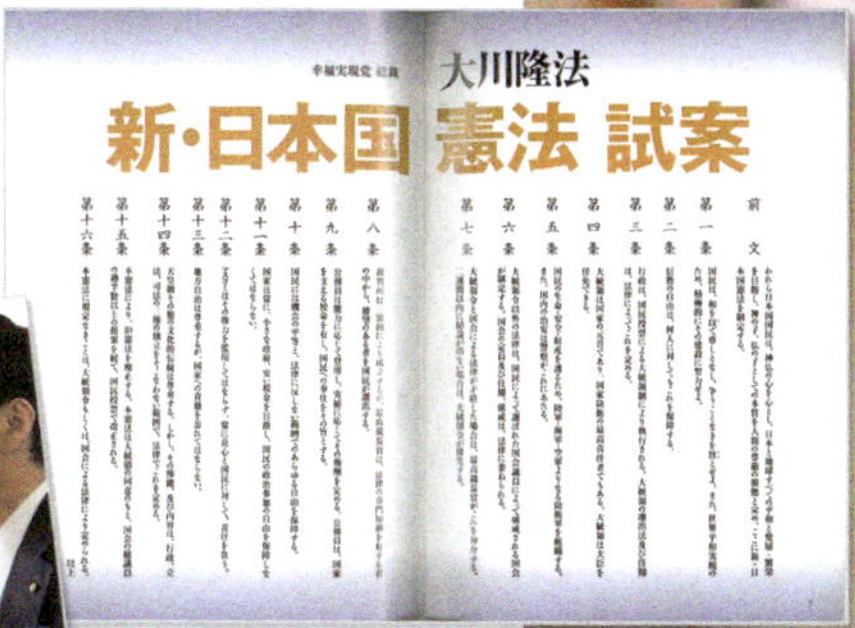

本書128ページ掲載

300人の立候補者と支援者たちは、
幸福維新の志士として、
全国各地で国難の襲来を訴えた。

自民党のだらしなさと、
民主党の危険性を。
中国と北朝鮮の恐ろしさと、
アメリカのオバマ大統領の本質を。
そして、日本が採《と》るべき道筋を、
力の限り、叫び続けた。

2009.5—8

幸福維新の志士、
全国を奔《はし》る

2009.6—8

2009年衆院選、全国28カ所で街頭演説

ついに国師《こくし》自らも立った。
北は北海道から南は九州まで、
全国各地で、
幸福維新の成就に向けて
獅子吼《ししく》した。

その言魂《ことだま》は、
多くの候補者と支持者、
そして道行く人々の心を
激しく揺さぶった。

迷走

あろうことか、国民は民主党を選んだ。
それが亡国の選択であることを知らずに。

「民主党政権の最大のネックは
経済成長戦略がないこと」。
投開票日の直前に指摘した大川隆法総裁のこの言葉は、
間もなく現実のものとなった。

2009.8

民主党政権の誕生と

「コンクリートから人へ」
「16・8兆円の財源捻出《ねんしゅつ》」など、
幸福実現党が批判してきた政策は、
次々に破綻した。
こうして鳩山不況はやってきた。
さらに、沖縄の米軍基地の移設問題などで、
鳩山政権はすぐに迷走を始めた。

2009.12―

天上界の高級霊が、幸福実現党支援のために智慧を授ける

松下幸之助、
坂本龍馬、
吉田松陰――。
深まる国難の気配に、
天上界の高級霊が動いた。

２００９年末から始まった
公開霊言シリーズで
高級霊が次々と降臨。
幸福実現党の志士たちを、
時に叱咤《しった》し、
時に励まし、
時に智慧《ちえ》を授《さず》け、
天上界の支援を受けて、
新たな戦いが始まった。

坂本龍馬を招霊する大川隆法総裁。

2010

再び立ち上がる、幸福維新の志士たち

天上界の支援を得て、勇気百倍。
参院選に向けて再び立ち上がる維新の志士たち。
「最小不幸社会」をスローガンに掲げる菅政権が、
鳩山政権よりも、いっそう危険であり、
国難をさらに深刻なものにすることを
辻々で訴えた。

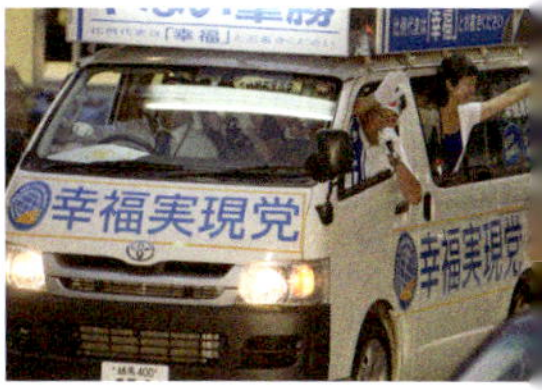

2010.7—

証明され始めた先見性

菅直人率いる民主党は
２０１０年参院選で敗れた。
しかし、民主党政権は続く。
幸福実現党の先見性は
少しずつ明らかになりつつあった。

「中国は尖閣諸島を取りにくる」――。
この指摘から約2年後、
尖閣諸島沖で中国漁船衝突事件が起きた。

「このままでは、
この国に災いが起きます」――。
天照大神《あまてらすおおみかみ》が霊言で、
こう警告してから1年もしないうちに、
東日本大震災と原発事故が起きた。

けて
化する

深まる国難のなか、〝未来が視《み》える者〟が必要とされていた。
そこで幸福維新の志士たちは、
新聞で、ラジオで、街角で、そしてアメリカで、
国師・大川隆法の言葉に基づいて、
日本の繁栄のための方策を、
世界を平和に導くための考えを訴えた。
天上界の高級霊もこぞって
幸福実現党を支援した。

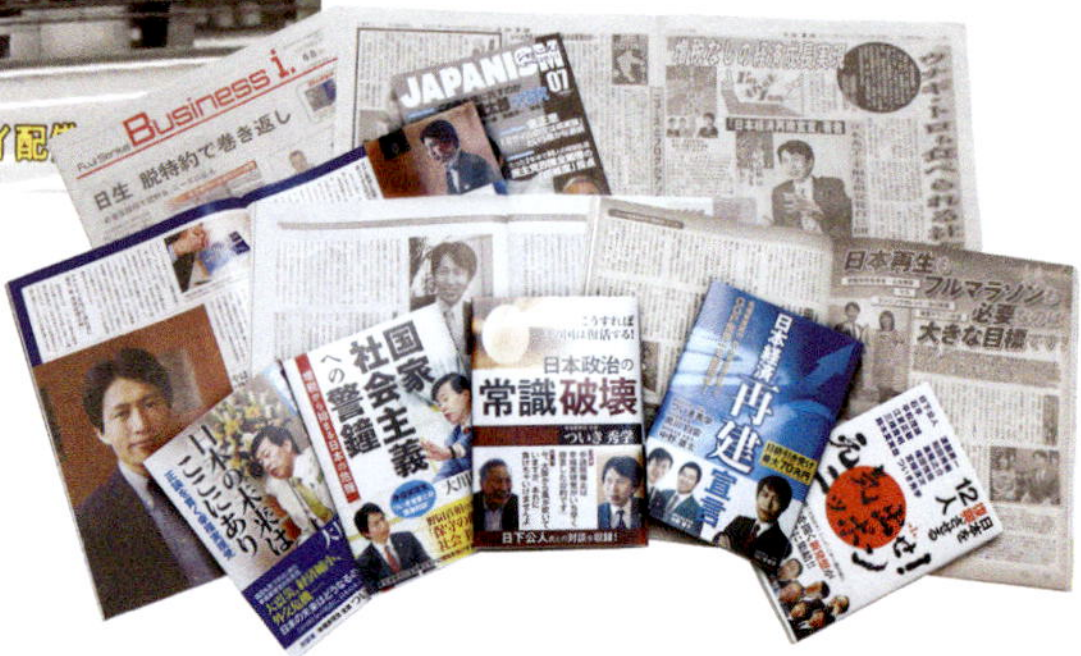

2011—2012

二度目の衆院選に向
オピニオン活動を強

2011—2012

霊言によって明かされた真実が世の中を変える

白川方明・日銀総裁（当時）の霊言を収録中の大川隆法総裁。

真実はごまかせない。
公開霊言シリーズはスクープを連発した。
頑《かたく》なに金融緩和を嫌がる日銀総裁、
消費税の増税を目論《もくろ》む財務事務次官、
なぜか真実を報道しようとしないマスコミ、
ブームの兆《きざ》しを見せる大阪維新の会、
覇権を目指す中国の新リーダー・習近平、
生き残りをかけて戦う北朝鮮の金正恩《キムジョンウン》。

日本を沈めようとしている者の正体が、
霊言によって次々と暴かれた。
その結果、
奈落の底に落ちようとしていた日本は、
少しずつ、最悪の事態を回避してゆく。

2012

２０１２年衆院選、国政選挙３度目の挑戦

維新の志士は三度《みたび》立ち上がる。

国防強化、増税反対、壮大な未来ビジョン。
２００９年からブレずに訴え続けた、
これらの政策を笑う者はもういない。
幸福実現党の先見性は、
誰の目にも明らかになりつつあった。

幸福実現党公認
伊藤のぞみ

2011—
2012

国師、再び獅子吼す

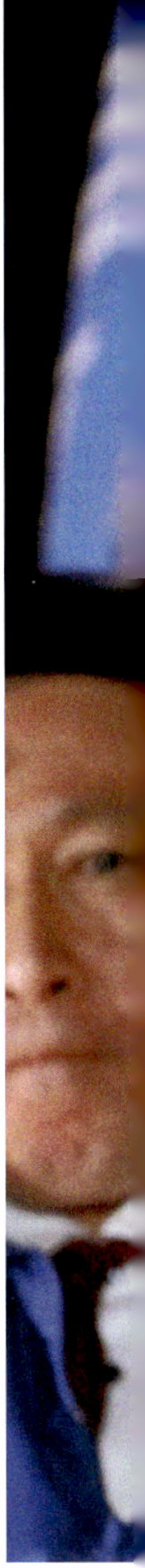

国師・大川隆法の情熱は、
決して止まらなかった。

２００９年11月からの１年間で
52冊もの書籍を刊行し、
世界の年間最多発刊記録をつくった
（ギネス世界記録）。
２０１２年には、自らその記録を破り、
１０１冊もの書籍を発刊した。
霊言を含む法話の回数は２００回を超えた。

選挙の直前には、再び街頭に立ち、
日本の採るべき選択を力強く訴えた。

2012.12

3年3カ月ぶりの政権交代

2012年衆院選の敗北で
民主党は政権を去った。
国民は安倍・自民党を選んだ。

しかし、
経済成長、
金融緩和、
国防強化など、
自民党が主張した政策の多くは、
立党以来、大川隆法総裁が
主張し続けてきたもの
ばかりだった。

それは、幸福実現党の政策が
国民に支持されたことを意味した。
国論が保守に回帰した流れも、
3年あまりにわたる
幸福実現党の活動の成果であった。

2012—2013

安倍政権誕生に国民の期待が集まるが……

憲法改正、集団的自衛権の行使、
「村山談話」の修正、
大胆な金融緩和、成長戦略――。
安倍政権に国民の期待は集まった。

しかし、
2013年夏の参院選が近づくにつれ、
安倍首相の歯切れは悪くなった。

北朝鮮から長距離ミサイルが発射され、
3回目の核実験が行われたにもかかわらず、
憲法や集団的自衛権の議論は盛り上がらず、
ついには安倍首相が
「村山談話」を継承すると発言するに至った。

やはり、
正論を訴えることができるのは
幸福実現党しかなかった。

2012—2013

次々と明らかになる歴史の真実

さらなる真実を追究するために、
霊言の収録を重ねる
大川隆法・幸福実現党総裁。

従軍慰安婦、
南京大虐殺、
そのほとんどは捏造《ねつぞう》であった。

招霊された東條英機によって、大東亜戦争の真実が明かされた。

大東亜戦争の真実が
次々と明るみに出て、
先の大戦の指導者は慟哭《どうこく》する。
戦後をリードした
学者・言論人・政治家は、
今、天上界で何を思うか。

日本は間違っていなかった。

改めるべき戦後の過《あやま》ちが、
静かにその姿を現した。

2013

全国47都道府県で立ち上がる候補者たち

行動せよ。
国難を止めるために、
この国の誇りを取り戻すために、
幸福維新の志士たちは、動いた。

憲法改正を、
消費税増税の中止を、
原発の再稼働を、
歴史認識の修正を、
真正面から訴えた。

高校入口
オイカワユキヒサ
幸福実現党

2013.7

2013年参院選、大きく変わった国論

自民党が大勝した。
民主党と社民党は壊滅的な敗北を喫した。
衆参のねじれは解消し、憲法改正も視野に入ってきた。
国論は大きく変わった。
幸福実現党の経済政策は、〝アベノミクス〟として実行に移され、経済成長をもたらしつつある。
集団的自衛権の行使、敵基地攻撃など、国防の強化も図《はか》られ、原発は再稼働に向けて動き出し、TPPも参加の方向で進んでいる。

過去20年にわたり、政府の公式見解として、日本の外交・国防を縛り、国益を損なうばかりか、自虐史観を蔓延させて日本人の誇りを傷つけた「河野談話」と「村山談話」——。このほど、大川隆法総裁は、両談話を「遡って無効である」とする「大川談話—私案—」を発表しました。

大川談話—私案—

河野・村山談話の白紙撤回を

大川談話 —私案—

（安倍総理参考）

わが国は、かつて「河野談話」（一九九三年）「村山談話」（一九九五年）を日本国政府の見解として発表したが、これは歴史的事実として証拠のない風評を公式見解としたものである。その結果、先の大東亜戦争で亡くなられた約三百万人の英霊とその遺族に対し、由々しき罪悪感と戦後に生きたわが国、国民に対して、いわれなき自虐史観を押しつけ、この国の歴史認識を大きく誤らせたことを、政府としてここに公式に反省する。

先の大東亜戦争は、欧米列強から、アジアの植民地を解放し、白人優位の人種差別政策を打ち砕くとともに、わが国の正当な自衛権の行使としてなされたものである。政府として今一歩力及ばず、原爆を使用したアメリカ合衆国に敗れはしたものの、アジアの同胞を解放するための聖戦として、日本の神々の熱き思いの一部を実現せしものと考える。

日本は今後、いかなる国であれ、不当な侵略主義により、他国を侵略・植民地化させないための平和と正義の守護神となることをここに誓う。国防軍を創設して、ひとり自国の平和のみならず、世界の恒久平和のために尽くすことを希望する。なお、本談話により、先の「河野談話」「村山談話」は、遡って無効であることを宣言する。

平成二十五年　八月十五日

「幸福実現党NEWS」47号に掲載された「大川談話」。

そして、日本の歪んだ歴史観を正すべく
「大川談話」を発表。
謝罪外交を繰り返す日本の政治に大きな楔《くさび》を打ち込んだ。

「わが説く言葉の上に未来は築かれる」――。
まさに、大川隆法総裁の語るままに、
日本の国論は動いてきたのだ。

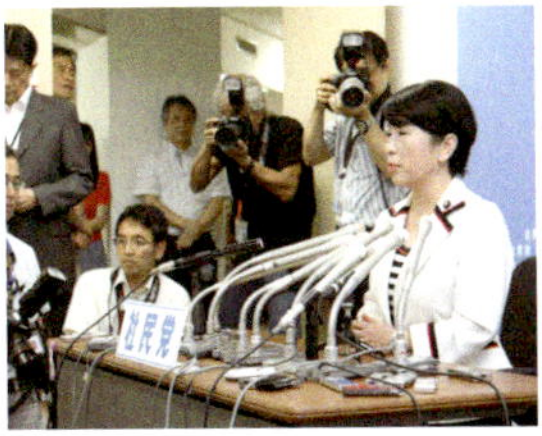

2013.7—

断固として戦い続ける

しかし、国難は去ったわけではない。

世界には
独裁的な指導者に率いられた軍事国家が数多く存在し、
紛争の火種は無数に残っている。
日本が克服すべき課題も山積している。

革命いまだ成らず。

その使命が果てしなく大きいゆえに、
戦いは続く。
日本を自由と繁栄の大国にするために、
世界を平和に導くために、
幸福維新の志士たちは、
決してこの戦いをやめることはない。

幸福実現党 党首
釈《しゃく》 量《りょう》子《こ》

1969年11月10日、東京都生まれ。國學院大學文学部史学科卒業後、大手家庭紙メーカー勤務を経て、宗教法人幸福の科学に入局。学生局長、青年局長、常務理事などを歴任し、幸福実現党に入党。現在、月刊「ザ・リバティ」(幸福の科学出版刊)で「釈量子の志士奮迅」を連載中。座右の銘は「努力即幸福」「天は自ら助くる者を助く」。趣味はお菓子作り、特技は弓道。

公式サイト
http://shaku-ryoko.net/

――なぜ幸福実現党は政治を目指すのでしょうか？

私たちがいる時代は大変な危機の時代です。今すぐ手を打たなければ、日本という国の存亡にかかわる状態にあると思います。

例えば、今、日本の政治で一番大きな課題といえば憲

党首インタビュー

「幸福維新は命をかけるのに相応《ふさわ》しい仕事」

RYOKO SHAKU

釈 量子

法改正でしょう。自民党をはじめ、多くの議員がこの問題に熱心に取り組んでおられますが、政局をにらみ、世論を気にしながら、安全運転に徹しているところがあります。幸福実現党は「それでは間に合わない」と考えています。

北朝鮮のミサイル発射、香港活動家らによる尖閣上陸事件などによって国防の意識は高まりつつありますが、「日本が占領される」というレベルで問題意識を持っている人は少ないでしょう。

民主主義国家ではない中国は、長期戦略によって着実に世界制覇を目指しています。それは、これまで大川隆法総裁が霊言という形で探ってきた、毛沢東から習近平に至るまでの歴代の中国の指導者の本音からも分かりますし、具体的な中国の動きを見ても分かります。

例えば、1980年にフィジー沖に向けて長距離弾道ミサイルを打ち込んでいますが、この時点で中国の太平洋進出の野望は明らかでした。その後、南シナ海、東シナ海と着実に進出しており、その延長線上に日本の尖閣問題などがあるわけです。

また、北朝鮮のミサイルはシリアに流れ、新たな紛争の火種が生じています。これら一連の動きを見る限り、残念ながら、世界は平和と安定の時代に向かっているわけではないと言えます。

こうした危機感から、幸福の科学では、2012年に「ファイナル・ジャッジメント」と「神秘の法」という映画を2本もつくって、「日本が占領される」可能性について警告を発しました。「まさかそこまでされないだろう」と考えている人は多いと思いますが、私たちは「日本に残されている時間は少ない」と考えているのです。

——なぜ宗教政党が必要なのでしょうか？

中国の軍事的脅威をいち早く指摘したことなどからも分かるように、幸福の科学グループを率《ひき》いる大川総裁は、ワールド・ティーチャーとして世界の未来を見通す力を持っています。そして、数限りなく説かれる法話を通して、地球レベルの視野の広さで「何が正しいのか」を発信しています。

「アラブの春」で民主化が起きたと思ったら、その反動でイスラム原理主義が台頭してきました。アメリカとイスラム社会の対立は深刻なままです。EU危機の表面化や中国のバブル崩壊で、経済も世界的に低迷しています。人類は善悪の基準を失い、精神の拠《よ》り所を見失っているように見えます。そんななかで、大川総裁は「地球的正義とは何か」を説いているわけです。ここに人類の希望があります。

私たちの政治運動は、単に政界に進出するとか、現在の政策課題を解決するというレベルではありません。キリスト教は2000年、仏教は2500年以上の歴史があるように、私たちも3000年の単位で次の文明の基盤を創ろうとしています。まずは、マルクスが『共産党宣言』によって、この160年ほどで、唯物論のもとに人間を矮小化《わいしょうか》し、暴力革命を説いて人々が憎み合う世界を広げてきたという、不幸の歴史を克服したいと思います。

そのために、私たちは、「人間は無限の魂の成長が可能な霊的存在だ」と訴えています。そして、だからこそ政治や経済、教育、科学を変え、宇宙時代に相応《ふさわ》しい、理想の新しい文明を築けると信じているのです。この〝幸福維新〟は宗教政党だから成し得る仕事だと思うのです。

――党員や支持者に向けてメッセージを

とはいえ、幸福実現党の現状は厳しいという指摘もあります。確かに宗教政党に対する誤解や偏見が溢れているため、「苦しいけれども、正しいから頑張っている」という党員もたくさんいらっしゃるでしょう。しかし、私は、そうではなく、こんな偉大な仕事に携《たずさ》わることができる喜び、こんな幸福はないということを知っていただきたいのです。

すでにこの仕事の完成を見ずに志半ばで亡くなった人もいます。しかし、私たちの仕事は命をかけるに相応しいものです。そもそも私たちは素晴らしい世の中を創るために、この世に生まれてきたはずです。私自身も、いつ死んでもかまわない、最後の一瞬まで、世のため人のため、日本のために生きたい、何度生まれ変わってでもやり遂げたいと思っています。

今年の8月に伊勢神宮に参拝した時のことです。「新しい国づくりをなす時がきた」と、神々が喜びに燃えているような気がしました。神威《しんい》を感じたのです。

幸福実現党は絶対に勝ちます。日本の将来を考えたら、人類の未来を考えたら、負けるわけにはいかないからです。力いっぱい戦います。どうかご支援のほど、よろしくお願いします。

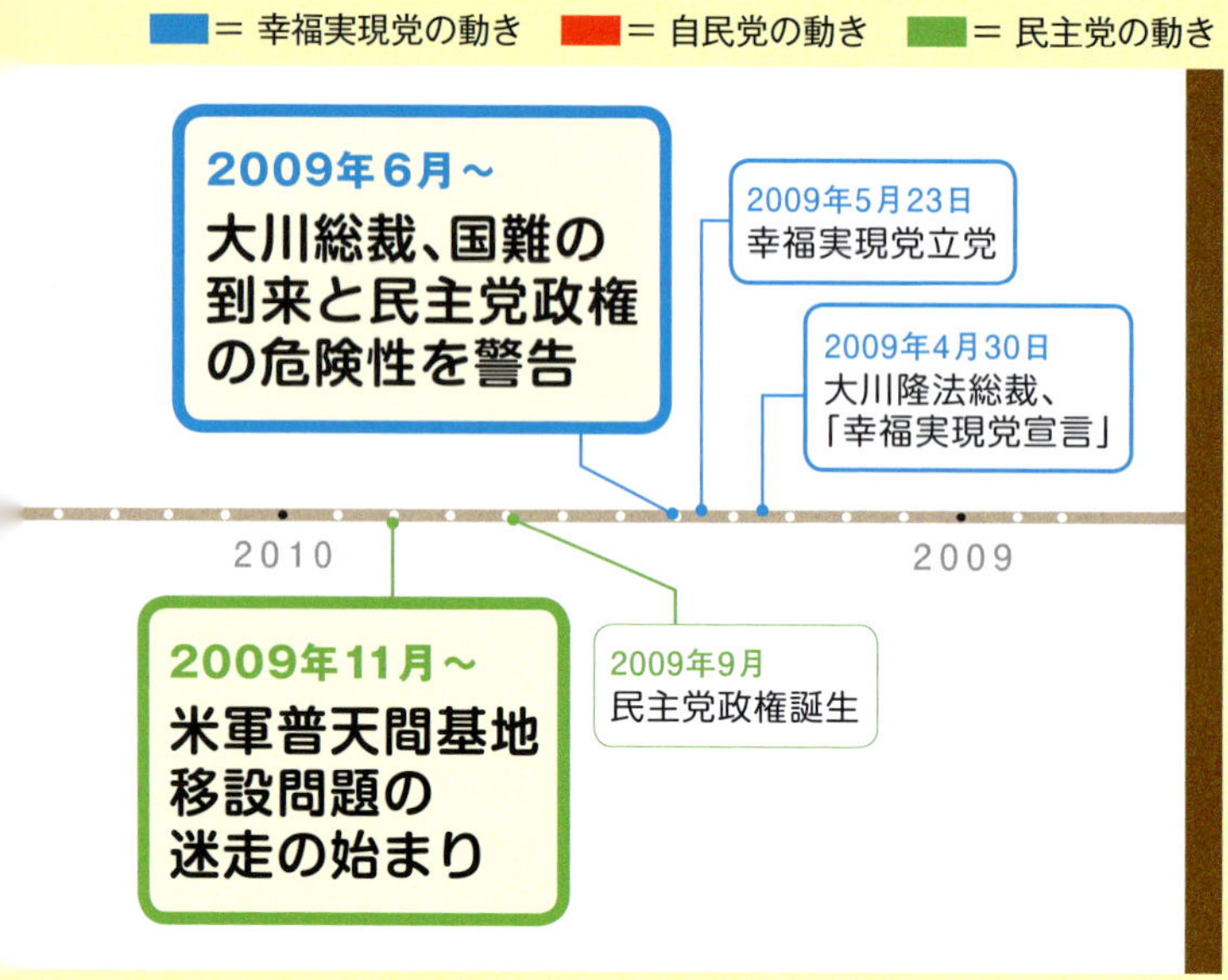

国論を変えてきた！

幸福実現党の 主張と政策

立党以来、４度の国政選挙を戦い抜いてきた幸福実現党。有権者からは「実績がないし、政権担当能力もないのでは」と訝《いぶか》しむ声もある。しかし、**先見性ある政策をブレずに一貫して主張し続けてきた**ことで、時の政権や自民党に与えた影響は計り知れない。それどころか、**実は国論をリード**してきたという〝実績〟がある――。

幸福実現党は２００９年４月30日、大川隆法総裁の「**幸福実現党宣言**」によって産声《うぶごえ》を上げる。その背景には、自民党への不信感を高め、「政権交代」という民主党のスローガンをあらゆる紙面上に踊らせて、民主党に政権を取らせようとするマスコミの動きがあった。

マスコミに世論が引きずられて民主党への政権交代が行われれば、外交は中国寄りになり、景気はさらに悪化してしまう。そこで、大川総裁は「民主党に政権を取らせるという不毛な選択をすると、この国は本当に危ない」と、左傾化する世論にいち早く警鐘を鳴らした。

幸福実現党も**真正保守**として、中国・北朝鮮の脅威に対して、**国防**

強化や**憲法改正**を真正面から訴えた。

だが、こうした幸福実現党の訴えも残念ながら、8月の衆議院議員総選挙では、自民党が大敗を喫し、民主党政権が誕生してしまう。思い返せば、民主党政権下の日本では大川総裁の言葉通り、「**国難**」が次々と襲いかかってきた。鳩山由紀夫政権時の**米軍・普天間《ふてんま》基地移設問題**に始まり、菅直人政権時の**尖閣諸島沖・中国漁船衝突事件**、**東日本大震災**、野田佳彦政権時の**北朝鮮のミサイル発射実験**など、枚挙《まいきょ》にいとまがない。幸福実現党はこの間もずっと必要な政策を発信し続け、日本の進むべき方向を示してきた。

そうした幸福実現党の活躍が功を奏し、日本人の国難に対する危機感が高まり、「やはり民主党ではダメだ」という認識が広がった。結果、12年12月の衆院選で自民党に政権が戻ったわけだが、なぜ4年前にすでに国民の失望を買った政党が復活できたのか。

実は、09年以降の**自民党の政策は幸福実現党の後追い**が多い。幸福実現党の政策を使うことによって自民党は政治生命を長らえているというのは穿《うが》った見方だろうか。国民は自民党を選んでいるようでありながら、いまや**幸福実現党の政策を選んでいる**のではないか。以下、幸福実現党の主張や政策によって、国論がどう変わってきたのか見ていく。

の主張

防衛体制の構築

外交・安全保障

■＝幸福実現党の動き　■＝自民党の動き　■＝民主党の動き

1	2010	2009	
	3月・4月 中国艦艇が沖ノ鳥島周辺で軍事演習 9月 尖閣諸島沖・中国漁船衝突事件 11月 北朝鮮が韓国・延坪《ヨンピョン》島《ド》を砲撃	4月 北朝鮮のミサイルが日本上空を通過	主な出来事
	5月 鳩山首相、普天間基地の辺野古移設を正式表明 ←	7月～ 普天間基地の辺野古移設を主張	普天間基地
	12月 南西諸島への自衛隊配備を決定 ←	7月～ 南西諸島の防衛体制強化を主張	南西諸島
		公約 7月～ 集団的自衛権の行使を禁じた政府解釈を見直す	集団的自衛権
		公約 6月～ 敵基地攻撃能力の保有	敵基地攻撃能力

料金受取人払郵便

赤坂支店
承　認

5196

差出有効期間
平成26年5月
5日まで
(切手不要)

1 0 7 - 8 7 9 0

112

東京都港区赤坂2丁目10−14
幸福の科学出版(株)
愛読者アンケート係 行

ご購読ありがとうございました。お手数ですが、今回ご購読いただいた書籍名をご記入ください。

書籍名

フリガナ お名前	男・女	歳
ご住所 〒　都道府県		
お電話 (　　) −		
e-mail アドレス		
ご職業	①会社員 ②会社役員 ③経営者 ④公務員 ⑤教員・研究者 ⑥自営業 ⑦主婦 ⑧学生 ⑨パート・アルバイト ⑩他 (　　)	

ご記入いただきました個人情報については、同意なく他の目的で使用することはございません。ご協力ありがとうございました。

愛読者プレゼント☆アンケート

ご購読ありがとうございました。今後の参考とさせていただきますので、下記の質問にお答えください。抽選で幸福の科学出版の書籍・雑誌をプレゼント致します。(発表は発送をもってかえさせていただきます)

1 本書をどのようにお知りになりましたか。

①新聞広告を見て [朝日・読売・毎日・日経・産経・東京・中日・その他 (　　　　)]
②その他の広告を見て (　　　　)
③書店で見て　④人に勧められて　⑤月刊「ザ・リバティ」を見て
⑥月刊「アー・ユー・ハッピー?」を見て　⑦幸福の科学の小冊子を見て
⑧ラジオ番組「天使のモーニングコール」「元気出せ! ニッポン」を聴いて
⑨BSTV番組「未来ビジョン」を視て
⑩幸福の科学出版のホームページを見て　⑪その他 (　　　　)

2 本書をお求めの理由は何ですか。

①書名にひかれて　②表紙デザインが気に入った　③内容に興味を持った
④幸福の科学の書籍に興味がある　★お持ちの冊数＿＿＿＿冊

3 本書をどちらで購入されましたか。

①書店 (書店名　　　　) ②インターネット (サイト名　　　　)
③その他 (　　　　)

4 本書へのご意見・ご感想、また今後読みたいテーマを教えてください。

(なお、ご感想を匿名にて広告等に掲載させていただくことがございます)

5 今後、弊社発行のメールマガジンをお送りしてもよろしいですか。

はい (e-mailアドレス　　　　) ・ いいえ

6 今後、読者モニターとして、お電話等でご意見をお伺いしてもよろしいですか。(謝礼として、図書カード等をお送り致します)

はい ・ いいえ

弊社より新刊情報、DMを送らせていただきます。
新刊情報、DMを希望されない方は下記にチェックをお願いします。

DMを希望しない □

幸福実現党
独自の

2013

2012

20

4月 北朝鮮、ミサイル発射実験

公約 6月～ 普天間基地の辺野古への移設を推進

公約 11月～ 集団的自衛権の行使を明確化

2月 安倍首相、敵基地攻撃能力の保有の可能性に言及

幸福実現党の主張

積極的な金融緩和と未来産業投資

経済

■＝幸福実現党の動き　■＝自民党の動き　■＝民主党の動き

	2009	2010	11
主な出来事			
金融緩和	公約 5月～ 積極的な金融緩和、3%の物価上昇目標設定	公約 5月～ 物価目標0～0.1%(現在は2%)の設定	
財政政策		公約 7月～ 高速道路の2階建て化、地下高速道路の拡充、リニア新幹線の整備などに100兆円の投資	
成長戦略		公約 7月～ ロボット産業、新エネルギー分野、航空・宇宙産業などに100兆円の投資	
成長戦略	2009 公約 5月～ 名目3%(現在は7%)の経済成長	公約 7月～ 2010年度に2%(現在は3%)の経済成長	

2013

3月 白川総裁辞職

4月 日銀、異次元緩和の導入を発表

2012

2月 日銀が物価上昇率に「1％をめど」と明記

1月 大川総裁、日銀・白川総裁を批判、金融緩和の必要性を説く

6月 インフラ強化を目的とした200兆円の公共投資を柱とする法案を提出

12月 2020年度までの平均で「名目3％、実質2％以上の成長」を表明

アベノミクスの〝3本の矢〟（12月発表）

20

幸福実現党の主張

ゆとり教育の転換といじめ防止

教育

■＝ 幸福実現党の動き　■＝ 自民党の動き　■＝ 民主党の動き

ゆとり教育

1972

日本教職員組合（日教組）がゆとり教育を提起

2002

ゆとり教育の完全導入

1998

4月 大川総裁、ゆとり教育を批判

いじめ問題

2007

1月 大川総裁、「いじめ処罰法」発表

2008

2009

公約 **5月～「いじめ防止法」の制定**

いじめに加担したり、隠ぺいするなどした教員や校長、教育委員会、ＰＴＡに対して厳しい措置を行う

2010

2010

4月 全国学力テストが、全員参加方式から抽出方式に（ゆとり教育の加速）

2013

4月 全国学力テストが全員参加方式に戻る

2009

公約 5月～ ゆとり教育の完全廃止

2013

6月「いじめ防止対策推進法」成立

2012

2011

公約 11月～「いじめ防止対策基本法」の制定

いじめの隠ぺいなどの法令違反や児童生徒の「教育を受ける権利」の侵害のおそれがある場合、国が責任を果たせるよう、法律を改正

幸福実現党の主張

憲法９条改正

憲法改正

■＝ 幸福実現党の動き　■＝ 自民党の動き　■＝ 民主党の動き

2010　**2009**　**2007**

世論

8月 NHK世論調査
9条改正の必要性
ある……27.7%
ない……40.5%

憲法９条

2009年 6月15日
「新・日本国憲法 試案」

公約 5月～ 憲法9条改正、防衛軍を組織

9月～ 9条の解釈を変更し、「平和を脅かす諸国には９条を適用しない」とする

憲法96条

2013

1月 安倍首相、96条の先行改正に言及

幸福実現党の主張

原発再稼働

原発

2011

主な出来事

3月 東日本大震災

原発

3月15日 大川総裁、「原発を手放してはいけない」と発言

5月6日 菅首相、浜岡原発の運転停止要請を発表

5月8日 浜岡原発停止要請の撤回と菅首相の退陣を求める緊急声明

7月6日 菅首相、すべての原発でストレステスト実施の発表

8月26日 菅首相、退陣を正式表明

2013

5月 NHK世論調査
9条改正の必要性
ある……33%
ない……30%

7月 安倍首相「われわれは9条を改正し、その（自衛隊の）存在と役割を明記していく」

2012

公約 11月〜 憲法改正により、自衛隊を国防軍とする

5月 大川総裁「自衛隊を国防軍に変えてもよいが、そのもとにある憲法9条を、正直に変更すべきだ」

2011

2013

8月 甘利《あまり》経済財政・再生相、原発再稼働の立場を示す

5月 安倍首相、原発再稼働の早期実現を表明

2012

5月 国内の原発がすべて停止

公約 10月〜 原発を即、再稼働

幸福実現党 役員紹介

幸福実現党
創立者 兼 総裁

RYUHO OKAWA

大川 隆法

1956年7月7日生まれ、徳島県出身。東京大学法学部政治学科卒業。大手総合商社入社後、ニューヨーク本社に勤務のかたわら、ニューヨーク市立大学大学院で国際金融論を学ぶ。1986年、「幸福の科学」を設立。2009年、「幸福実現党」を創立。

党首

RYOKO SHAKU

釈 量子

MASATOSHI ENATSU

政務調査会長

江夏 正敏

HISSHO YANAI

総務会長
兼出版局長

矢内 筆勝

BUNKO KATO

幹事長

加藤 文康

党役員は、2013年10月末時点の情報です。

HAPPINESS
REALIZATION
PARTY

MIKI OKADO

広報本部長

大門 未来

JIKIDO AEBA

調査局長

饗庭 直道

HIROKO KITABAYASHI

財務局長

北林 寛子

YUKIHISA OIKAWA

外務局長

及川 幸久

TOKUMA

青年局長

トクマ

ICHIRO KOJIMA

幹事長代理

小島 一郎

SHINKO IDA

シニア局長

伊田 信光

BUNTA KOKURYO

事務局長

国領 豊太

全国で活動する幸福実現革命の志士たち

福岡県の吉冨和枝氏は、教師歴 28 年。
「日本の繁栄を子供たちに贈ろう！」
と力強く訴える。

保守本流の地・愛媛県から「幸福実現革命を起こさん！」と志を燃やす森田浩二氏。

「強くて誇れるニッポンを！」
雨天の山形県に城取良太氏の訴えが響く。

「愛しているから守りたい」。母として、偉人の故郷に住む者として、日本の未来と子供たちを守るために山口県で戦う河井美和子氏。

群馬県では、いじめのない社会、生涯現役社会を訴える安永陽氏の姿が。

国難来たれり──。地元・鹿児島県から、不惜身命の覚悟で日本の危機を訴える松澤力氏。

佐賀県で国防や地元産業の活性化を訴える中島徹氏。

静岡県では、浜岡原発の再稼働をいち早く訴える中野雄太氏の姿が。

鳥取県では吉岡由里子氏が、教育改革を訴える。「子どもたちが未来に希望を持てる教育を実現しましょう！」

東日本大震災の被災地・宮城県では、皀智子（さいかち・のりこ）氏が復興推進と教育再生を訴える。

田辺丈太郎氏は山梨県で、国防強化・原発再稼働を丁寧に語り伝えた。

全国で活動する幸福実現革命の志士たち

神話の里・宮崎県で、
地元の方々と交流する
河野一郎氏。

「日本を世界のリーダーに！ 世界を平和と繁栄に導く国に！」と、元・航空自衛隊員の横井基至氏（写真中央）の声。

地元・兵庫県の有権者に党の政策を訴える湊侑子氏。
（P.72 にインタビュー掲載）

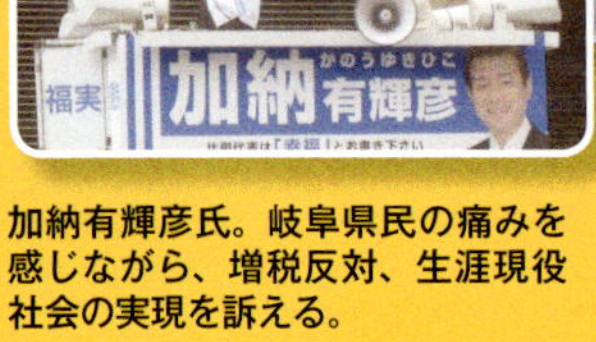

加納有輝彦氏。岐阜県民の痛みを感じながら、増税反対、生涯現役社会の実現を訴える。

HAPPINESS REALIZATION PARTY

「日本人の誇りを取り戻して欲しい」――小松由佳氏の爽やかな声が、徳島県民の心を駆け抜ける。

「一生懸命、この国に尽くしたい」真摯な眼差しで地元・石川県の方々に語りかける宮元智氏。

教育県・富山では、吉田かをる氏が希望溢れる日本の未来ビジョンを語る。

田中孝子氏は持ち前の明るさでパワフルに奈良県を駆け抜ける。

「滋賀県を未来産業都市に！」力強い荒川雅司氏（写真右）の街頭演説。

「北海道にご恩返しがしたい。北海道を豊かにしたい」という一心で、森山佳則氏が声を嗄らして訴える。

世直し保育士・中根裕美氏は、愛知県から豊かで安全な日本の実現を目指す。

NEXT LEADERS Interview 01

時代を担う幸福実現党の若き女性リーダー２人に、なぜ政治家を志すのか、幸福実現党は何を目指すのか、未来のビジョンを語ってもらった。

日本の未来はここにある！幸福実現党は世界の希望です

政治家を志した理由

大門　私が政治家という仕事の素晴らしさに気づいたのは中学生の時です。英語の授業で聴いたキング牧師の演説に心が躍動しました。黒人解放という社会問題に対して、キング牧師はきわめて政治家に近い仕事をされたと思います。「人間は神によって平等に創られている」という宗教理念を徹底的に落とし込むという内容の素晴らしさはもちろん、演説で人の心を揺さぶり、国のあり方を変えるリーダーのカリスマ性に惹かれ、自分もこのように未来を切り拓く国づくりに携《たずさ》わりたいと思うようになりました。

北林　私は物心がついた頃に政治を意識したのを憶《おぼ》えています。

当時は湾岸戦争が起きていたので、ブッシュ大統領やフセイン大統領等のニュースをテレビで見ていました。戦争と平和について考えたり、国際政治を動かす人たちに憧れのようなものも芽生えていたかもしれません。

大学卒業後は一般企業に勤めましたが幸福の科学に入局することになり、その直前に大川総裁が法話「幸福実現党宣言」で「マルクスの『共

広報本部長
大門 未来
MIKI OKADO

1985年、東京都生まれ。早稲田大学政治経済学部卒業。JPモルガン・アセット・マネジメント㈱を経て、2009年、宗教法人幸福の科学に入局。理事長などを歴任。
公式サイト http://okado-miki.net/

北林 寛子
HIROKO KITABAYASHI

1984年、東京都生まれ。慶應義塾大学法学部卒業。㈱NTTデータを経て、2009年、宗教法人幸福の科学に入局。国際局長、理事などを歴任。

財務局長

産党宣言』を葬《ほうむ》り去る」と言われたのを聴いて熱くなりました。最初の配属が政務本部兼HS政経塾で、ひたすら選挙のお手伝いをしましたね。

大門 私は、父が2009年に立候補したので、その時から政治活動に参画するようになりました。

実際に自分が立候補して実感したのは、政治家は信頼されなければ成り立たない職業だということです。幸福実現党として議席を獲得していくという使命を果たすと同時に、私個人としては、様々な層の方のニーズを知り、気持ちを理解できるように、人生経験を積み重ねつつ、年月をかけて人格を練り上げ、多くの方の信頼に足るような、器の広い、懐《ふところ》の深い人間に成長していきたいです。

一方、若さも武器だと思っています。支援者の方からも、政治家を志す若者がいることが未来への希望だというお言葉をいただきますので、皆さんのご期待を何百倍にもお返ししていきたいです。

日本は世界を牽引《けんいん》できる国

北林 7月まで幸福の科学の国際本部にいて世界を回りましたが、中国の「真珠の首飾り作戦」に対して大川総裁がインドや香港などを回って対中国包囲網を敷かれたことが印象深いです。その後、ヒラリー・クリントン氏や安倍総理も、アジアを回りましたが、やはり大川総裁の先見性、着眼点、そしてまさに自ら命がけで各国に出向かれるという姿が、本当にワールド・ティーチャーだなと思ったんです。

あるアジアの大使館では、「幸福実現党は対中国包囲網の考えを持っていて、各国と協力したいと思っている」という話に、「日本には素晴らしい政党がある」と大使館の方が喜んでくださったんです。

大川総裁の外交における考えは地球レベルだと実感しましたし、世界が幸福実現党を待っていると確信しました。実は「自分の国で幸福実現党を立ち上げたい」という声も多く、世界規模で理念や政策に共感していただいているんです。

大門　やっぱり日本は世界のリーダーになるべき国だと思います。国としてもう一段大きな使命に目覚められたら、行くべき方向がはっきりするんじゃないでしょうか。

日本人の潜在能力を開花させれば、本当にこの地球全体を救う力になっていけると思うので、「世界に対して日本は何ができるのか」というビジョンを明確に示していきたいです。

北林　そうですね。いろんな国の方と話すと、東洋と西洋の文明を繋げるのは本当に日本しかないと感じます。中東の国々も日本に対して親近感を持っているし、仏教国にも尊敬され、キリスト教圏の欧米とも自由の価値観を共有しています。日本は様々な国にブリッジをかけられる、まさに奇跡の国です。ですから、大門さんが仰るように日本は世界のリーダーになる使命があると感じますし、そのための必要条件はすべて揃っていて、あとは使命を自覚するだけだと思います。

夢と誇りで日本を豊かに

大門　私はイギリス留学で、日本の素晴らしい歴史や精神を伝えられずショックを受けました。日本という国に自信を持ち切れなかったんです。でも、日本は神々による建国神話がいくつもあり、聖徳太子様の時代には世界に先駆けて民主主義が実施されましたよね。そうした事実を知ると次第に自信が持てるようになりました。日本の誇れる部分をもっと学校で教えられれば、外国に行った時も私のように困らないと思います。

北林　やはり、精神的な誇りや使命感、生きがいまで踏み込んで訴えられるのは、幸福の科学であり、幸福実現党だと思うんですね。世のため人のためや、尊いもののために人生を懸けるような宗教的な人生観を皆さんに伝えていきたいです。

大門　幸福実現党は他党と比べ、女性の活躍が顕著です。今の政治は優柔不断さが付きまとっています。この閉塞感を打ち破るのは女性の強みである決断力だと思います。信じたものを一途に貫いていく女性の強さが、次の時代を拓く予感がしています。

北林　加えて、夢やロマンに命をかけるような若者がたくさん出てきたら、もっともっとこの国は明るく豊かになると思います。

大門　そうですね。やはり政治はビジョンが一番大事です。ビジョンがあってこそ政策が生まれます。次々に出てくる幸福実現党の未来ビジョンはダイナミックで、決して他党は真似できません。このような構想力のある政党は他にないでしょうね。

日本と世界の未来に本気で責任を感じているのは幸福実現党だけです！　その責任を果たすべく、党とともに私も成長してまいります。

北林　私も頑張ります！「若い女性が生意気なことを」と思われるかもしれませんが、私たちは世界の未来に責任を感じています。使命感と女性特有の潔さと決断力、そして優しさを持ちながら、この日本と世界を丸ごと豊かにするために努力していきたいと思っています。

大門　皆さんの力と知恵を結集して、一緒に頑張っていきたいと思いますので、どうぞ宜しくお願い致します。

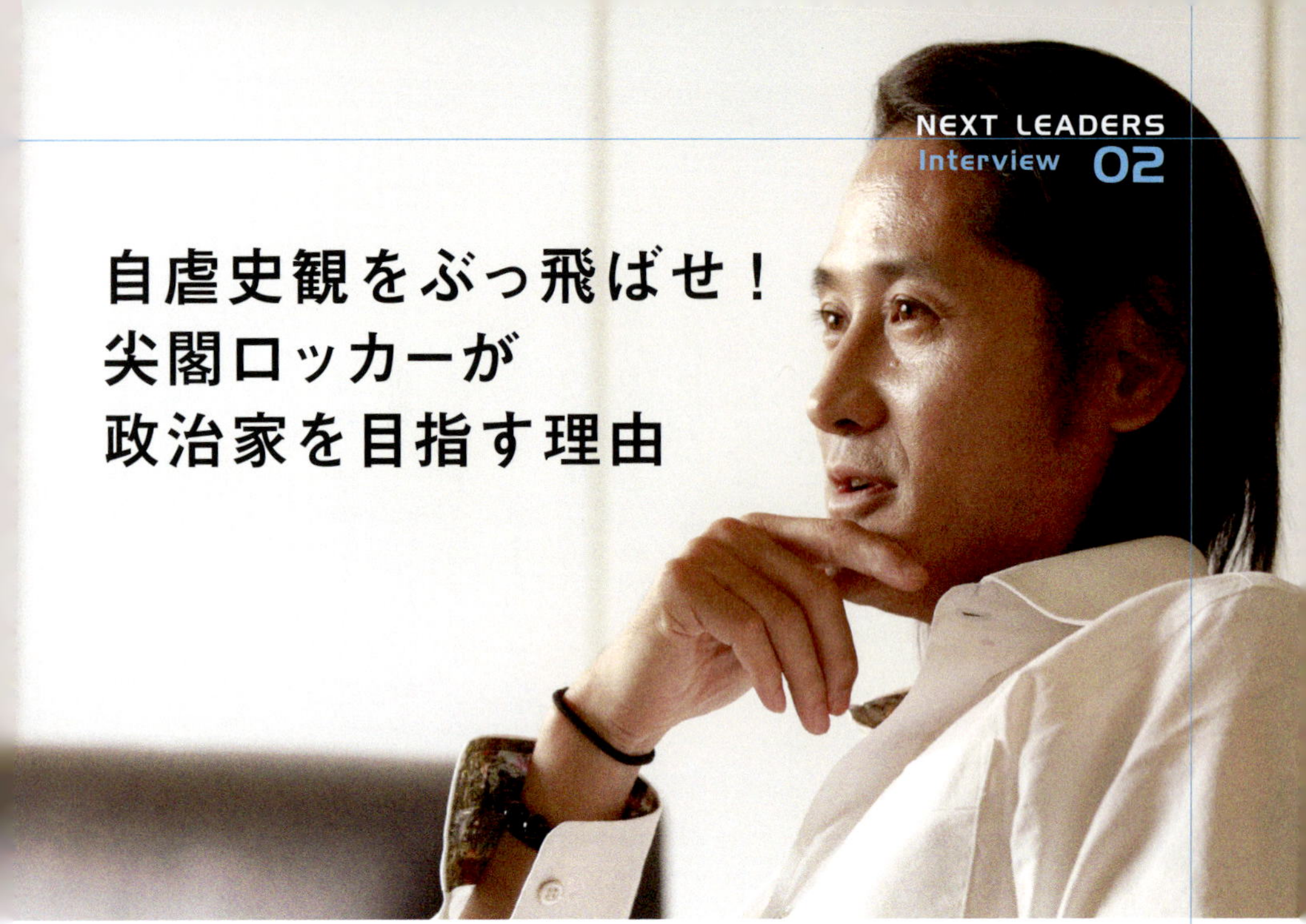

NEXT LEADERS
Interview 02

自虐史観をぶっ飛ばせ！
尖閣ロッカーが
政治家を目指す理由

ミュージシャン。1966年11月11日、東京都生まれ。青山学院大学経済学部卒業後、単身渡米。帰国後トヨタ自動車に入社。その後、音楽活動に専念し、各種メディアで活躍。2012年9月、尖閣諸島魚釣島に上陸したことがマスコミで報道され、大きな話題となる。

公式サイト　http://tokma.jp/

青年局長
TOKMA
トクマ

尖閣諸島上陸から約1年――あの時の行動は間違ってなかった

変わったよね、世の中が。僕の尖閣上陸もきっかけになれたんじゃないかな。政治も企業も個人もそれぞれ愛国心を感じ始めてきた。だから尖閣上陸は無駄じゃないし、間違ってなかったと思うよ。

東京都知事選、参院選に出馬し、自虐史観の払拭《ふっしょく》を訴える

選挙活動を通して、どうしても伝えたかったのは自虐史観の払拭。というのも、僕自身、南京大虐殺や従軍慰安婦の問題を信じて自分を貶《おとし》めてた。過去は見ずに今を生きようと思っても、逃げてる感じがして自信が持てないでしょ。でも南京も慰安婦もみんなでっち上げだって知って、自虐史観ほど恐ろしいものはない

なって思った。この間違った歴史認識を払拭して、みんなに日本人として誇りと元気を取り戻してほしかったんだよ。

幸福実現党はロックだと思う

　幸福実現党のすごさは、まず僕が青年局長として党公認で出馬できたことだよね（笑）。懐が深くて広い。あとはズバーンと斬新な政策を出していける自由さかな。基本的にロックだと思う。ロックって単なる反逆や破壊精神じゃなくて一本筋が通った生き様なんだよ。だからホントのロックは何かって言ったら幸福実現党なんじゃないかな。大川総裁はもうロックを超えて「聖なるパンク」だと思うね（笑）。

1票に希望を持ってほしい

　僕が若い人たちに伝えたいのは、やっぱり政治に興味を持ってもらいたいってことと、自分の国を愛してほしいってこと。

　選挙に行かないっていうのは自分の国がどうでもいいってことなんだよ。「どうせやっても変わんない」って気持ちがあると思う。僕もそうだったから。1票の意味も人生の捉え方も間違ってるんだよ。でも、「この1票が生きるんだ！」って希望を持ってほしい。

理想とする政治家像

　人って適性もあるから、それぞれの場所で力を発揮できたらいいなと思うんだよね。その後押しをするシステムやインフラを整えるのが政治家の仕事だと思ってる。

　ユートピアって「はい、できました」ってすぐできるもんじゃないから、そのための基盤をつくりたいな。

日本の未来ビジョン

　日本が発展・繁栄して、他の国からも憧れられるといいなと思ってる。だから愛国心と信仰心を取り戻して日本を発展させたい。

　愛国心だけだと「自国さえよければ」ってなっちゃうけど、そこに神仏に感謝する心が入ると、「地球丸ごと発展させていきたい」って思うようになるから。やっぱりそこに繋がることが理想だよね。

『ジョーズに勝った尖閣男—トクマとの政治対談—』

尖閣上陸！ なぜ彼は、無謀とも思える行動に出たのか!? 国師との対談で語られる尖閣上陸秘話と、国を愛する情熱と信念。　**1,400円（税別）**

YUKO MINATO

湊 侑子

1983年1月22日、兵庫県生まれ。関西学院大学文学部日本文学科卒業後、宗教法人幸福の科学に入局。宗教教育企画局スタッフ、支部長などを経て、HS政経塾に入塾。第1期生として、台湾への短期留学なども経験し、2013年4月卒塾。
ブログ http://ameblo.jp/minatoyuko/

HS政経塾 第1期生が語る 国政へのチャレンジ

政治家になろうと思った理由

学生の頃から世界の貧困や犯罪を解決したいと考えていました。その後、幸福実現党が立党して政策や理念を学ぶうちに、国を富ませたり、大勢の人を救済するのは政治家の仕事だと知り、目指そうと思いました。

初出馬から4年が経ちましたが、やめたいと思ったことはないです。

以前、塾の講師をしていた時に「政治家ってどんな職業だと思う?」と子供たちに訊いたところ、「お金に汚い」とか「嘘ばかりつく」とか「選挙前は頭を下げるけど、終わったらふんぞり返る」という言葉が返ってきたんです。子供がそう言うのは、大人もそう言っているということですよね。みんなが選んだ代表である政治家を尊敬できない国の子供って不幸だろうなと感じて、「変えないといけない」と思いました。今もそのことを考えると頑張れます。

HS政経塾でつかんだもの

政治は現在ただ今のことを扱うので、スピーディーに答えを出さないといけません。そのため、勉強することは無限にあるのですが、HS政経塾では何事もやり抜く根性が身に付きました。

私には失うものがありません。いつでもゼロからスタートできるのが強みです。だから今後もチャレンジャーとして勇気をもって「正しいこととは何か」を伝えるために人生を捧げたいと思います。

教育現場を変えるには政治の改革が必要！いじめゼロ社会を目指して

KAZUAKI IZAWA

井澤 一明

一般財団法人「いじめから子供を守ろうネットワーク」代表。1958年、静岡県生まれ。2006年の秋頃より知人とともにいじめ防止活動を模索し、翌2007年2月、NPO「いじめから子供を守ろう！ネットワーク」を設立。2009年4月より同代表。いじめ相談の傍ら、シンポジウム、セミナー、学校、PTA等で子供たちを守るための講演活動を続けている。著作に、『いじめは犯罪！絶対にゆるさない！いじめに悩むこどもたち、お母さんたちへ』（青林堂刊）などがある。

ブログ http://ameblo.jp/kzizawa/ ＊ **Facebook** http://www.facebook.com/kz.izawa ＊ **Twitter** @kzizawa

いじめによる自殺が続く理由

私が出馬した参院選直前の6月28日に「いじめ防止対策推進法」が公布されました。しかし、その直後の7月初旬、いじめによる自殺が全国で相次ぎました。

この法律の「いじめを許さない」という精神は評価できますが、法律には現実にいじめを減らす効果が必要です。やはり幸福実現党が主張してきたように、いじめを隠蔽《いんぺい》したり看過《かんか》したりする教師を懲戒免職にするなどの罰則を制定すべきです。

私はこれまで500件以上いじめの相談を受けてきましたが、政治を変えなければ教育も再生できないと改めて痛感しています。

日本の教育が抱える問題点

また、学校でいじめが蔓延《まんえん》する原因は、教育の現場で善悪の基準を教えていないことが大きいと思います。

その原因の一つは、文部科学省から「子供に価値観を押し付けてはいけない」などと指導されていることです。これでは学力低下だけでなく、人格的にも身勝手な子が増えてしまいます。頑張っている教師もいますが、やはり教育界全体を変えていく努力が必要です。そのために、私は今後も活動を続けていきます。

釈 量子党首の素顔に突撃！

1問1答 Interview

幸福実現党初の女性党首にして日本初の女性総理を目指す“ザ・ダイヤモンド・レディー”は、いったいどんな人!? その素顔に迫ります。

Q.**「釈量子の守護霊霊言」**について、**何か反論**はありますか？

A. **100%共感です。**
恐ろしいほど。

Q. 好きなマンガは？
A.『ガラスの仮面』。小学生の頃、影響されて劇団をつくったことがあるほど。

Q. 好きな音楽は？
A. ショパンでもポップスでも、ピアノの曲が好き。

Q. 昔ハマった音楽は？
A. ロックのバラード。エアロスミスの「エンジェル」とか。

Q. 好きなスポーツは？
A. 弓道

Q. 自分を漢字で表すと？
A.「量」 Think Big! 大きく考えよう！

Q. 好きな色は？
A. 透明

Q. 好きな動物は？
A. 全部好き。猫、犬、魚全般。特に青魚は柴犬に似てて可愛い！

Q. 好きな花は？
A. 牡丹、芍薬、薔薇

Q. 好きな宝石は？
A. 真珠。アコヤ貝が中に入った砂などを粘液で巻いて、美しい真珠をつくり上げていく姿は、「悟り」とは何かを教えてくれます。

Q. 自分の顔や体で好きなところは？
A. 目

Q. 最近、大爆笑したことは？
A. 自分の霊言。過激発言が多くて！
（『釈量子の守護霊霊言』）

Q. ニックネームは？
A. 高校の時は「ペコ」。「ペコちゃんに似てる」と言われて。最近は「おやかた（御屋形）」。

Q. 口癖は？
A.「大丈夫！」

Q. ペットを飼っていますか？
A. 昔飼ってたのが、**黒猫の「ペリー」。**ちなみに友人の猫には**「ハリス」**と名付けてあげました。

Q. 好きな女性有名人は？
A. 夏目雅子さん

Q. よく「似てる」と言われる芸能人は？
A.「極妻」の高島礼子さん

Q. 好きな食べ物は？
A. 香味野菜。香菜、ルッコラ、セロリ。

Q. 好きな映画は？
A.「スター・トレック」シリーズ

Q. 好きな本は？
A. 大川総裁の本！ 特にまえがき・あとがきに**胸がキュン！**とします。最高です！

Q. 落ち込んだ時、どうしてる？
A. さらに落ち込む曲を聴く。

バッハの「マタイ受難曲」「ヨハネ受難曲」「ミサ曲 ロ短調」をひたすら聴いて、「マタイよりはマシだよな」と。（感情の）振り子を極端まで揺らしちゃえばあとは元に戻るので、お勧めですよ。

Q. 幼いころの面白エピソードをひとつ！
A. 近所の、乾いていないコンクリートに手形をつけた時。「やってない、やってない！」と言ったけど、手形で犯人だと特定されてしまい、「嘘をついたらバレるんだ」と学びました。

Q. オススメのストレス解消法を教えて！
A. 柿の種とコーラで、ぼ――っと気持ちを飛ばす。

Q. 一度言ってみたいセリフは？
A.「ワシの為に死んでくれ！」……冗談ですよ（笑）。

Q. 得意料理は？
A. 最近はドライカレーをよく作ります。

Q. 最近ひそかに興味があることは？
A. 韓国史、アジアの歴史

Q. ファッション・ポリシーは？
A. 気持ちが「上がる」服を着る！

Q. 今までもらった贈り物で一番うれしかったのは？
A. 人生で一番辛いときに友人がくれたメッセージカード。「後悔しない人生を送ってね」と書いてあり、今も大事にとってあります。あのおかげで人生が変わったと思う。

Q. 人前で泣きそうなとき、どうする？
A. 泣いてます。

Q. 休日の過ごし方は？
A. 中国語教室、英語の勉強、美容院、ネイルサロン、掃除。

Q. 今、いちばん欲しいもの
A. もっと強い信仰心！ あとは全部ついてきます。

Q. 生まれ変わったら何になりたい？
A. スター・トレックみたいな船に乗って、宇宙の探検に行きたい！

Q. 宇宙人と遭遇！ まず何をする？
A. 心の中で意思疎通を図ろうとする。

Q. ドラえもんの道具で欲しいものは？
A. どこでもドアと、アンキパン。

Q. 譲れないこだわりはある？
A. 柔軟なほうだと思いますが、卑怯なマネはしたくない。**最後は仏に近づく方向を選ぶ。**

Q. 過去の自分に一言。
A.「精一杯やったつもりかもしれないけど、もっと努力できたんじゃない？」

Q. 最近、いちばん嬉しかったこと
A. 一緒にお仕事をし始めた方々の素晴らしいところがいっぱい見えてきたこと。

幸福実現党 戦記

2009
—
2013

幸福実現党の歴史は、
まだ始まったばかりだ。
しかし、いずれこの運動は
日本を覆い尽くし、
世界を席巻していく。
ここに著した、
4年あまりの戦いの記録は、
後に〝栄光の歴史〟として語られる
序章の部分である。

Document. 1

「幸福実現党宣言」

―2009年 衆院選―

ついに立ち上がった幸福実現党

2009年5月の幸福実現党の立党は多くの人にとって突然に見えたかもしれない。しかし、幸福の科学をよく知る者にとっては、ある意味で必然の動きであった。そもそも立宗以来、大川隆法総裁は、政治的な法話を繰り返し説いていたし、歴代の首相にアドバイスも行ってきた。特に近年では政治が混迷を極めてきたこともあって、具体的な政策提言も行っていた。行政改革案や憲法改正案、新しい国際秩序の枠組みの提案など、従来の宗教家の枠を超えた活動を展開していたのだ。

4月30日に幸福の科学の総合本部(東京都)で法話「幸福実現党宣言」が説かれると、多くの関係者は「ついにこの日が来た」と奮い立った。

なぜ、幸福の科学はこのタイミングで、自ら政党をつくることにしたのか。それは、2009年4月5日に北朝鮮がミサイルを発射した際に、政府もマスコミも「飛翔体」と呼んで、まるで〝有事ではないかのように〟ふるまったからだ。政府見解と違う論文を書いたという理由で、麻生首相が前年10月に自衛隊の航空幕僚長だった田母神《たもがみ》俊雄氏を更迭《こうてつ》したことも影響した。

大川総裁は7月の講演(※)でこう述べている。

「**発射された時点で、その正体が私には分かっていましたし、4月末の段階まで日本政府の対応等を見ていて、(中略)『今の政府に任せておいても、どうにもならない』と思い、『もう、ぎりぎりのタイミングだ』と考えて、幸福実現党の立党に踏み切ったのです。当会としては、『自民党を支援するだけでは、もう駄目だ』と考えざるをえませんでした**」

300の選挙区すべてに候補者を擁立

幸福実現党が立党に伴い記者会見を開いたのは、5月25日のことだった。立党を決めてから1カ月も経ってい

※7月3日に幸福の科学・高崎支部で行われた法話「ミラクルの起こし方」。

なかったにもかかわらず、これまでの政策研究の蓄積もあり、政策を整えてマニフェストも作って、300の選挙区すべてに候補者を擁立することを決定した。

「年率3％の経済成長」「インフレ目標3％」「株価2万円」「消費税全廃」「いじめ防止法」「憲法9条改正」「リニア整備」といった主要政策は、この段階で並んでいる。6月には「新・日本国憲法試案」を発表、「人口3億人」「GDP世界一」といった未来ビジョンに関する政策も追加された(このうち経済成長やインフレ目標などの政策は、自民党などに後追いされ、一部はすでに実現し、先見性が証明された)。

とりわけ103条からなる現行憲法をわずか16条にしてしまうという憲法試案は画期的な提案だった。「国家の理念」や「人権の根拠」を明示し、日本のみならず地球の平和と繁栄までを射程に入れた壮大な内容であった。ここに、単に「国益」のみを追求する他の保守政党の憲法案との決定的な違いがあった。

2009度
主要政策
パンフレット

幸福実現党が現在主張している主要政策の骨子は、わずか3カ月ほどで固まった。

5月版

特別版（6月）

7月版

8月版

なぜ「第一党を目指す」ことにしたのか

選挙戦略については、いきなり「第一党を目指す」ことにした。初めての挑戦としては無謀にも見えたが、責任を持って「国難」に対処するためには、第一党を目指すことは譲れなかった。

もちろん、関係者の間からは、まず地方から議員を出すほうが確実ではないか、候補者は絞り込んだほうが確実ではないか、まずは勢力を固めるべきではないか、他党に幸福実現党に合流してもらうべきではないか、といった疑問も呈された。しかし、それでは時間がかかるし、第一党になれない。

当時、幸福の科学が持っていた危機感は、北朝鮮や中国の軍事的脅威にどう立ち向かうかであった。北朝鮮のミサイルを「飛翔体」と呼ぶ自民党では国難に対処できるとは思えず、さらに、左寄りで〝唯物論勢力〟の民主党が政権を取ればいっそうひどい状況になる。

危機感をリアルに認識していたのが幸福の科学だけであった以上、自分たちでやるしかない。同様の危機感を表明する言論人は多数いたが、自ら立候補して難

2009年当時、日本は前年に起きたサブプライム・ショックの影響で厳しい不況の只中にあったが、早くもこの段階で3%の経済成長やGDP世界一など、力強い未来ビジョンを打ち出していた。

局にあたろうとする者はほとんどいなかった。いきなり第一党になれるだけの大量の候補者を擁立できる組織は幸福の科学だけだった。

利権がほしかったわけでも、教団の宣伝を目論《もくろ》んだわけでもない。それは、その後、敗北を重ねても、何度も挑戦し続けていることで証明されている。「宗教の政治進出」が否定的に受け止められる可能性も予見できた。

しかし、純粋に「日本を何とかしなければ」という使命感から、立ち上がらざるをえなかったのだ。ここに幸福実現党の真骨頂がある。

それでも志は崩れない

しかし、健闘むなしく2009年の衆院選は、選挙区、比例合わせて337人が立候補したが、当選者は出なかった。

今回の選挙の争点は、「中国や北朝鮮ら唯物論国家の軍事的脅威からどう日本を守るか」であるべきだった。しかし、多くのメディアは、「国防」を争点にすること

国難の危機を訴える
幸福実現党の党員たち。

なく、「政権交代」という「政局」を争点にした。その結果、国防強化を訴えた幸福実現党の主張は、ほとんど報じられることがなかった。後のアベノミクスの元になる経済成長を重視した経済政策も、当時は「格差批判」の影響が強かったこともあり、その先見性は理解されなかった。

しかし、一度の敗北で挑戦をやめるわけにはいかない。幸福実現党の立党趣旨が、日本を国難から救い、国を豊かにして不滅の正義を打ち立てることにあるからだ。

投開票日からわずか2日後の9月1日、大川総裁は、**「われわれは先駆けであり、後進の者たちに道を拓いていかなければならない」**として「政治活動を続ける」ことを明言した。

2009年 4月~8月

4・5	**北朝鮮がミサイル発射**
4・30	**大川隆法総裁、「幸福実現党宣言」を説く**
5・23	**幸福実現党立党総会**
5・25	**幸福実現党立党記者会見**
5・27	**幸福実現党立党大会**
5・31	**大川総裁、18年ぶりにマスコミに公開した大講演会「感動を呼ぶ生き方とは」を開催**
6・15	**大川総裁、「新・日本国憲法試案」を書き下ろす**
7・12	**東京都議選で候補者を擁立**
7・26	**仙台市長選で候補者を擁立**
8・30	**衆院選で公認候補を擁立 自民党が大敗北を喫し、民主党政権が誕生**

Document.2

民主党政権の悪夢

—2010年 参院選—

民主党政権で国難が深刻化し始める

衆院選の敗北は民主党政権の誕生をもたらし、国難の深刻化をもたらした。

「コンクリートから人へ」のスローガンで始まった民主党政権の公共事業の削減は、八ッ場《やんば》ダムの突然の建設中止と、その後の再開という混乱を生んだ。沖縄の普天間《ふてんま》基地の移設問題も、鳩山由紀夫首相が「最低でも県外に移転する」という実行不可能な政権公約を掲げたことで混乱、日米関係にもひびが入ってしまった。民主党への信頼はあっという間に失われた。

選挙では結果の出なかった幸福実現党だったが、言論戦では実績を出し始める。民主党による国難招来を予測したほか、大川隆法総裁が国師《こくし》として発言した提言や予測が、次々と的中し始めたからだ。

衆院選後には
公開霊言シリーズの発刊も始まった。

衆院選後には公開霊言シリーズも本格化した。

松下幸之助、坂本龍馬、勝海舟、吉田松陰、西郷隆盛と、天上界から〝緊急メッセージ〟が降ろされたのだ。これが幸福実現党の先見性に磨きをかけ、言論戦における強さを生み出すことになった。いわば歴史上の偉人たちを〝ブレーン〟にするという、まさに宗教政党ならではの前代未聞の戦い方が始まることになったわけだ。

参院選で再び散るも、民主党の野望を打ち砕く

２０１０年の参院選は、石川悦男《えつお》党首（当時）の下、一人でも通れば、そこを突破口にぶ厚い壁が破れるという作戦で戦った。

特にこの参院選は決して負けるわけにはいかなかった。民主党が衆議院に続いて参議院でも過半数を取れば、法案を自由に通せるようになるからだ。そんな事態になれば、日本初の本格的左翼政権である民主党政権によって、「外国人参政権」「人権擁護法案」などの〝売国政策〟を進められてしまう。日本中が「唯物論」で染め上げられてしまう可能性があった。

民主党は、選挙の直前に鳩山氏から菅直人氏に交代して、支持率の回復を図った。しかし、鳩山政権で失墜した信頼を取り戻すことはできず、選挙は惨敗。自民党が勝利して雪辱《せつじょく》を果たすことになった。

民主党惨敗の理由は、「国民の期待を裏切った」ことに尽きる。公共工事凍結、沖縄の米軍基地移設の問題、子ども手当をはじめとする財源問題などに伴う混乱がそれだが、すべて幸福実現党が指摘していたことばかりであった。惜しくも議席獲得はならなかったが、言論戦による政策への影響という点では、民主党の野望を打ち砕いたと言える。

2010度
主要政策
パンフレット

5月版

改革ではなく――
新しい
国づくり。
自由と繁栄の
幸福実現党

大川総裁は選挙後3週間ほど経った8月1日に説いた法話「Think Big!」で、一人でもいいという考え方が、一見、堅実に見えて、実は「考え方が小さい」ために、成功を逃すことになったと分析した。

「敗因は、やはり、『志が低かった』ということでしょう。『政党助成法の政党要件さえ満たせばよい』というあたりに目標設定をしたことが、実は、一年間も時間の余裕があったのに得票率が下がった理由」（同法話）

厳しい指摘だが、救国の志を固め直す必要があることを党員たちは痛感。改めて、民主党政権を一日も早く終わらせて、国難に対処すべきことを確認した。

菅政権下で次々と現実化する国難

実際、その後に起きた国難は鳩山政権時の比ではなかった。

まず、2010年9月7日、尖閣諸島沖で中国漁船が日本の海上保安庁の巡視船「みずき」など2隻に衝突。公務執行妨害で漁船の船長を逮捕するが、中国側が激しく反発。レアアースの輸出を事実上禁じたり、フジタの社員4人の身柄を拘束したりするなどの対抗措置を採《と》ってきた。怯《ひる》んだ日本側は中国人船長を釈放し、中国に送り返してしまう。

11月23日には、韓国の延坪島《ヨンピョンド》で砲撃事件が発生。一時、韓国と北朝鮮の間で砲撃戦となり、あわや朝鮮戦争勃《ぼっ》発《ぱつ》かという事態に陥った。

これらの事件は、幸福実現党が立党以来訴え続けてきた「戦争が起きる可能性」を実証した。

また、2011年3月11日には東日本大震災が発生。約2万人もの尊い命が失われることになった。

実は幸福の科学ではこの天災を予見していた。前年の6月22日に収録した天照大神《あまてらすおおみかみ》の霊言「最大幸福社会の実現」（同名の書籍に所収）で、「このままでは、この国に災いが起きます」と指摘されていたのだ。これは当時の菅政権に対する高天原《たかまがはら》からの〝警告〟であった。1995年に起きた阪神・淡路大震災も、村山政権という左派政権時に起きたことから、決して偶然の天災ではないことは明らかだった。

菅政権は、東日本大震災のその後の対応でも、さらに混乱に拍車をかけた。原発事故についても菅首相は関係者を怒鳴り散らし、責任を東京電力に押しつけた。これという根拠もないのに、原発から20キロ圏内の地域住民を強制的に退避させ、かえって被害を拡大させている。まさに内憂外患《ないゆうがいかん》を地《じ》で行く国難の到来となった。

2009年10月～2010年9月

09年	10・25	参院補選で候補者を擁立
09年	末～	公開霊言シリーズ始まる
10年	6・8	鳩山首相辞任、菅内閣発足
	7・11	参院選で候補者を擁立
	9・7	尖閣諸島沖で中国漁船衝突事件発生

天照大神の霊言ですでに警告されていた東日本大震災。

Document.3

国難到来と霊性革命

――2012年 衆院選――

誰も見たことのない言論活動を展開する大川隆法総裁

幸福実現党としては、どうやってこの未曾有《みぞう》の国難に対処すればいいのか。

国師・大川隆法は、公開霊言を通して、霊界が存在するということを証明しつつ、国難を打破するという、誰も経験したことのない活動を展開した。霊界を証明する方法の一つは、霊言の収録と書籍化をありえない速さで行うことだ。これ自体が、唯物論をベースとした左翼政党や左翼マスコミへの真正面からの打ち返しになるからだ。

怒濤《どとう》の霊言ラッシュが始まった。2010年以降は、説法回数が毎年200回を超えた（しかも、その説く内容は毎回異なる）。発刊点数も年々増え始め、2011年1月には年間の発刊点数が52冊ということで、ギネス世界記録として樹立した。さらに2012年はその倍にあたる101冊を刊行。霊的作用がなければありえないペースである。調べて書くことで対応できるレベルではない。短期間なら可能かもしれないが、数年も続いているのだ。すべて語り下ろしたものの書籍化であり、映像でも収録されているからゴーストライターによる執筆もありえない。文字通り「神業《かみわざ》」だった。

2012年に入ると、驚異的なペースもさることながら、その内容にスクープ性を帯び始める。

1月2日には、当時の日本銀行総裁の白川方明《まさあき》氏の守護霊を呼び出して、頑《かたく》なに金融緩和を嫌がる真の理由を探り出した（『日銀総裁とのスピリチュアル対話』として書籍化）。すると、日銀総裁は本心では意図的に不況をもたらそうとしていることが判明。その衝撃は、日銀はもちろん、経済学者たちや、政界、財界を駆け抜けた。結果、日銀は翌2月に金融緩和に向けて大きな政策変更を余儀なくされた。

3月には増税を目論む財務事務次官の勝栄二郎氏の守護霊にインタビュー（『財務省のスピリチュアル診断』と

して書籍化）。実は本音では共産主義国家を目指していることを明らかにした。

5月には、「次の首相に」という声も出始めていた「大阪維新の会」代表の橋下《はしもと》徹氏の守護霊インタビューを敢行（『橋下徹は宰相の器か』として書籍化）。その本性が〝旅芸人〟であり、一時的な人気は出ても、天下国家を担う器ではないことを示した。その後、橋下待望論は急速に影を潜めている。

9月にはエドガー・ケイシーによる「タイムスリップ・リーディング」を収録し、従軍慰安婦強制連行と南京大虐殺が本当にあったかどうかを調査。どちらも事実ではないことを明らかにした（『従軍慰安婦問題と南京大虐殺は本当か？』として書籍化）。

堂々と正論を訴える金城氏。

こうした、霊的に真実を探究する手法で、何が正しくて何が間違っているかを示し、その上で政策を訴えていく。誰も見たことのない独自の手法で日本の政策を揺さぶり始めたわけだ。

沖縄知事選で信念を貫いた幸福実現党

幸福維新の志士たちも、国難の回避と3度目の挑戦に向けて動き始めた。

立木《ついき》秀学《しゅうがく》党首（当時）は、新聞や雑誌への寄稿、本の出版、ラジオ番組の出演などを通して、本格的な言論活動を展開。腰を据えて幸福実現党の政策の浸透を図《はか》った。

2010年10月には基地問題に揺れる沖縄県の知事選に金《きん》城竜郎《じょうたつろう》氏を擁立することを決定。普天間飛行場の辺野古《へのこ》への移設を主張した。他の2人の候補者がともに「県外移転」を主張していたため、県民に「辺野古への移設」という選択肢を与えることにしたのだ。

しかし、当時、関係者の一人が仲井眞弘多《なかいまひろかず》氏を支持すべきだと主張。その理由はこうだった。

自民党が推《お》す仲井眞氏と共産党や社民党が推す伊波《いは》洋一氏との接戦が予測されるなか、幸福実現党が独自候補を擁立すれば保守層の票が割れてしまう。金城氏が当選する可能性が低い以上、ここは仲井眞氏を支持して保守系の政党が団結すべきだ――。

現実的な妥協案だったが、幸福実現党は独自候補の擁立にこだわった。たとえ保守であろうと、「県外移設」を主張している候補者を支援することはできないからだ。そもそも「県外移設」は県民感情に応えるものではあっても、日米関係の現実から考えて実行不可能な案であった。選挙の有利・不利よりも、国益の観点から当然の選択をしたわけだ。

その結果、金城氏は選挙に敗れ、仲井眞氏が知事になった。

しかし、この時の幸福実現党の判断の正しさはほどなく証明された。

その後、仲井眞知事は、民主党政権が基地問題を県内移設でまとめようとしても、オスプレイを配備しようとしても、ことごとく反対。事態をますます紛糾させた。これが、ただでさえギクシャクしている日米関係を悪化させ、明らかに国益を損なう結果になった。このことからも、幸福実現党は議席ほしさに政治活動をしているのではなく、あくまでも国益や正義の実現を求めていることを内外に証明したと言える。

ついにトクマが尖閣に上陸

そして2011年8月30日、支持率が急低下し、回復の見込みがなくなった菅政権が倒れた。

次いで首相になったのは野田佳彦氏。松下政経塾出身で、父親は自衛官だったため、鳩山・菅の両氏に比べて、保守色が強くなることが期待された。

一方、2011年12月には、米国を拠点に活動を続けてきた饗庭直道《あえばじきどう》・党広報本部長（当時）が、アジア人初となる全米共和党顧問（アジア担当）に就任。幸福実現党の活動がグローバルな広がりを持ち、その影響力を着々と高めることになった。

また、幸福実現党の党員たちは２０１１年になると、デモ活動や街頭での演説、チラシ配り、辻立ち、支援者回りなどを通して、力強く政策を訴え始めた。

日銀の前では金融緩和を、財務省の前では増税反対を、経済産業省の前では原発推進を、中国大使館や韓国大使館の前では尖閣、竹島問題などへの抗議活動を行った。

６月２日には、幸福の科学としては18年ぶりの実写映画となる「ファイナル・ジャッジメント」を公開。近隣の軍事国家が日本を占領するという衝撃的なストーリーだが、これは実際にありうる近未来予測として描いたもので、「今のままでは日本の独立が脅《おびや》かされる」ことに警鐘を鳴らすために製

日本を国難から救うために各地で抗議活動を行う幸福実現党の党員たち。

写真提供：園田ヒデト

作された映画だった。

続いて10月にはアニメ映画「神秘の法」も公開。こちらも唯物論の独裁国家が日本を侵略するというストーリーの近未来映画で、ヒューストン国際映画賞でグランプリに次ぐスペシャル・ジュリー・アワードを受賞するほど国際的にも評価された。「ファイナル・ジャッジメント」同様、国防の危機が来つつあることに警鐘を鳴らしたものだった。

さらに、大川総裁が霊言による〝スクープ〟を連発して、驚異のペースで書籍化しつつ、幸福実現党の党員たちが、その内容を全国の辻々で広げていく。このコンビネーションで、国論を少しずつ変えていった。

しかし、国難は一向に去る気配を見せない。

8月10日には韓国の李明博《イミョンバク》大統領が竹島に上陸。日韓関係が一気に悪化した。

そのわずか5日後の8月15日には、香港の活動家ら7人が尖閣諸島の魚釣島に不法上陸する事件が起きる。活動家らは沖縄県警によって現行犯逮捕されるが、起訴されることもなく日本政府によって強制送還される

2012年には映画を2本製作し、日本の危機を訴えた。

映画「ファイナル・ジャッジメント」

映画「神秘の法」

ヒューストン国際映画祭
スペシャル・ジュリー・アワード受賞

大川総裁と幸福実現党役員による対談などが次々と発刊され、党人材の豊富さが際立つようになる。

ことになった。しかも、日本側はご丁寧にもチャーター機で送り届けたのだ。

近隣諸国による相次ぐ挑発行為に、さすがに日本のマスコミも反発するが、首相や大臣は「遺憾の意」を表明するばかり。これは映画「ファイナル・ジャッジメント」の劇中に出てくる首相の対応とそっくりだったことが話題になった。

毅然としない日本政府の対応を尻目に、9月18日には党員でミュージシャンのトクマ氏(現・党青年局長)がついに尖閣諸島の魚釣島に上陸。尖閣は日本の領土であると身体を張って示した。当時の野田首相も石原慎太郎東京都知事もできなかったことを果敢にやってのけたわけだ。もっとも、トクマ氏は軽犯罪法違反で書類送検されてしまう(後に不起訴)。不法上陸した中国人は無罪放免で、愛国心から上陸した日本人は有罪――こんな対応に、改めて党員たちは日本の危うさを実感する。

9月20日には引き続き矢内筆勝《やないひっしょう》・党出版局長(当時)が尖閣諸島に向かい、魚釣島沖約5キロの海上で、「尖閣諸島は日本の領土である。中国の侵略は絶対に許さない」と、「尖閣防衛宣言文」を読み上げた。その様子はニューヨーク・タイムズ紙などでも報じられた。

２０１２年衆院選＆東京都知事選

そして迎えたのが２０１２年末の衆院選。比例を中心に全国をカバーする体制を敷いた。選挙区20人、比例42人の計62人を擁立することになった。併せて同日に投開票が行われる東京都知事選に、尖閣に上陸して一気に知名度を上げつつあったトクマ・党青年局長が出馬することになった。

幸福実現党の政策はすでに政界をリードするようになっていた。２０１２年10月に幸福実現党が「日本、危うし！　だから幸福実現党」という政権公約を発表した時などは、翌月の11月に自民党が自党の政権公約に「日本の危機、だから自民党」と、瓜二つのコピーを使ってきたほどだ。

しかし、中国は尖閣諸島付近で領海侵犯を繰り返し、北朝鮮は選挙期間中の12月12日に長距離ミサ

“尖閣上陸”を果たしたトクマ氏は東京都知事選に挑戦した。

イルを発射、ついにアメリカ本土にも届くミサイル技術を手にすることになった。

風雲急を告げる国際情勢のなかで、幸福実現党は、国防強化と経済成長、そして原発再稼働を訴えた。とりわけ原発再稼働は有権者の反発が大きかったが、経済的な影響、エネルギー自給率の問題、国防上の理由から、日本に必要な政策だったため、訴えないわけにはいかない。他党がいつものように有権者の評判が悪いという理由で選挙の争点から外したため、幸福実現党だけが訴えるという形になった。

選挙の有利・不利を問わず、正論をブレずに訴え続ける幸福実現党の姿勢は、一部の人から熱烈な支持を受けた。

しかし、都知事選は猪瀬《いのせ》直樹副知事が当選し、幸福実現党から当選者は出なかった。衆院選は自民党の大勝利に終わる。

ただ、3年3カ月にわたった民主党政権という〝悪夢〟は終わった。民主党批判の理論武装のかなりの部分を大川総裁が担っていたことを考えると、言論戦においては勝利したと言える。また、自民党が事実上、国防強化、経済成長、原発再稼働と、幸福実現党と同じ政策を訴え出したことを考えると、政策自体は国民の信任を得たと言えるだろう。ただ、前回、民主党ブームを演出したメディアは、自民党が幸福実現党の後を追うように政策を打ち出していた事実を知りながら、今回は保守回帰を演出、事実上、自民党への追い風を吹かせた。

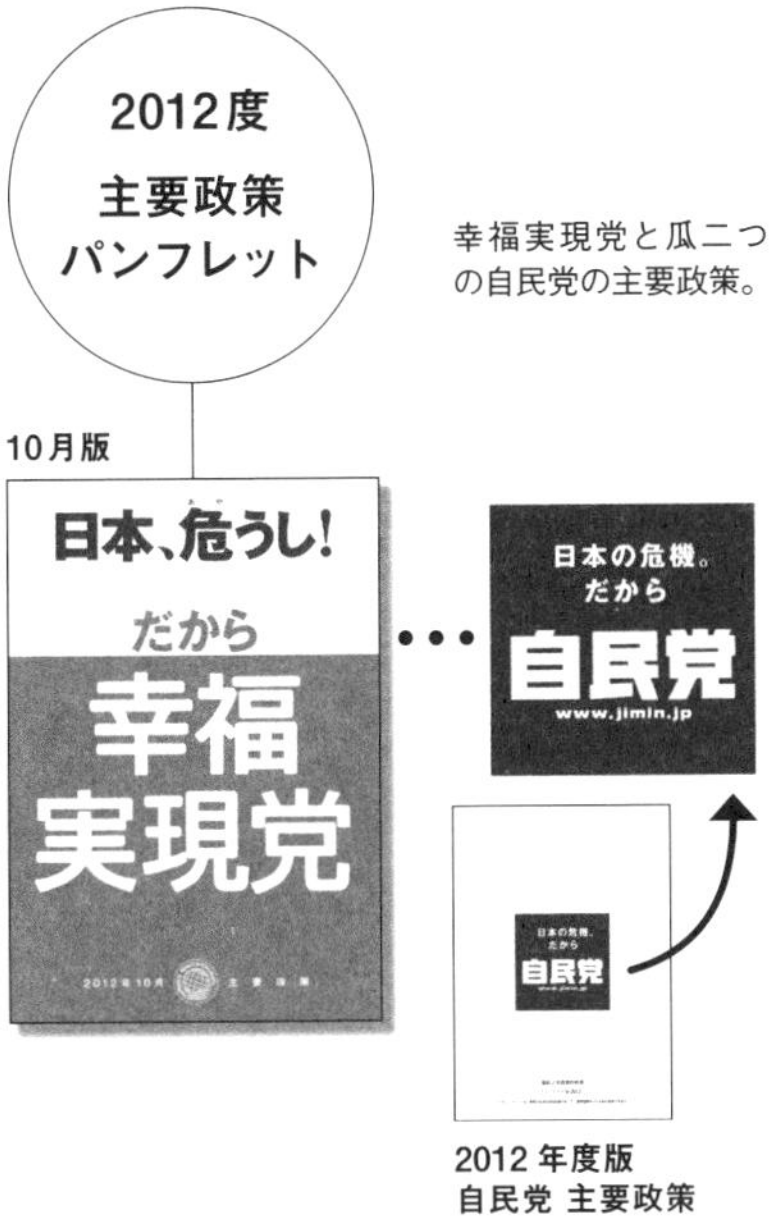

幸福実現党と瓜二つの自民党の主要政策。

2010年10月～2012年12月

10年	10・24	衆院補選（北海道5区）で候補者を擁立
	11・23	韓国、延坪島で砲撃事件
	11・28	沖縄県知事選で候補者を擁立
11年	1月	大川総裁、年間最多発刊書籍（52冊）でギネス世界記録認定
	3・11	東日本大震災
	4・22	福島第一原発の半径20km圏内立入禁止
	4月	統一地方選で党推薦候補15人当選
	4・24	衆院補選（愛知6区）で候補者を擁立 品川区議選で候補者を擁立
	5・6	菅首相、浜岡原発に運転停止指示
	9・2	菅首相辞任、野田内閣発足
	12・17	北朝鮮の金正日死去、後継者に金正恩
	12月	饗庭直道・党広報本部長が全米共和党顧問に就任
12年	1・2	霊言「日銀総裁とのスピリチュアル対話」収録 これを皮切りにジャーナリスティックな霊言でスクープを連発、国論を揺さぶる
	5・13	党本部を首相官邸に近い赤坂に移転
	6・2	映画「ファイナル・ジャッジメント」公開
	8・10	韓国の李明博大統領、竹島に上陸
	8・15	香港の活動家ら、尖閣諸島に上陸
	9・18	党員のトクマ、尖閣・魚釣島に上陸
	10・6	映画「神秘の法」公開
	10・28	衆院補選（鹿児島3区）で候補者を擁立
	11・6	オバマ大統領再選
	11・15	習近平、中国の総書記に就任
	12・12	北朝鮮、長距離ミサイル発射
	12・16	衆院選で候補者を擁立 自民大勝で安倍政権誕生 東京都知事選で候補者を擁立
	＊	2012年1年間で大川総裁が101冊の本を発刊し、自ら持つギネス世界記録を破る

Document.4

自民党の終わりの始まり

―２０１３年 参院選―

アベノミクスの成功で国難は去ったと思いきや……

安倍政権は、好調なすべり出しを見せた。株価が急上昇し始めたのだ。いわゆるアベノミクスという「金融緩和」「財政出動」「成長戦略」の経済政策が市場関係者に期待されたわけだ。これは幸福実現党の政策の成功でもあった。しかし、自民党に政権が戻っても国難は去らない。

２０１３年１月16日にはアルジェリアでイスラム系武装集団による人質事件が発生。日本人10人が死亡する惨事となった。

その2週間後の1月30日には、中国の艦船が海上自衛隊の護衛艦に射撃管制用のレーザーを照射するという事件が起きる。レーザー照射とは、後は発射ボタンを押せば攻撃が可能という状態である。国際法上は反撃をしてもかまわない事態だ。

また、2月12日になると、今度は北朝鮮が3回目となる地下核実験を行う。核の小型化を図るための実験とされ、昨年の長距離ミサイル発射の成功と合わせれば、核を搭載した長距離ミサイルの発射が可能な段階に近づきつつあることを意味する深刻な事態だ。

まさに「日本、危うし！」という状況に陥った。多くの有権者は「自民党だったら、民主党よりはるかにマシなはずだ」と考えていたが、その期待は裏切られた。しかし、幸福実現党としては、予想された事態ではある。そもそも、２００９年に立党したのは、民主党政権の誕生を阻《はば》むためではなく、「自民党では国難に対処できない」と判断したからだった。安倍政権

6月版

2013度
主要政策
パンフレット

になったからといって国難がやむはずはなかった。

　幸福実現党は、新たに矢内筆勝党首の下で新体制を発足。徹底的に現場に入り、一軒ずつ支援者回りを積み上げて、草の根的な活動に邁進する方針に転換した。

腰砕けになる安倍首相、強気で攻める幸福実現党

　アベノミクスで成功したかに見えた安倍政権だが、7月の参院選が近づくにつれ、華々しく打ち出したはずの政策がトーンダウンしていった。経済成長の数値目標をぼかしたり、規制緩和で農業や医療などの聖域には踏み込まないことを明言したり、安倍首相としてはライフワークであったはずの憲法9条の改正も正面から主張しなくなった。

　極め付きは、「『村山談話』の継承」である。年来、安倍首相は「村山談話」を修正すると言っていた。それだけに安倍首相を支持してきた保守層の国民は失望した。

　一方、幸福実現党は、自民党が腰砕けになるほど、ますます熱心に政策を訴えた。憲法9条を改正すべきこと、集団的自衛権の行使を可能とすること、消費税増税を中止すべきこと、原発を再稼働すること、TPPに参加すべきこと——。全国の候補者たちが、一人ひとりに語りかけながら、自民党が言えない政策をハッキリと訴えていったのだ。

　4度目の国政選挙となる参院選には、選挙区47人、比例3人の計50人が立候補。今回も全国をカバーして、国民すべてが幸福実現党を選べるように受け皿をつくった。

大川総裁の霊言もさらなるスクープを連発した

　5月10日には、大川隆法総裁が、先の大戦開戦時の首相だった東條英機《とうじょうひでき》の霊言を収録。「**絶対にあんなことはなかった。日本軍人のモラルの高さはね、世界最高水準だったんだ。これについては、絶対、絶対に譲らない！**」と、南京大虐殺や従軍慰安婦などいわれのない罪を着せられた悔しさに慟哭《どうこく》する東條英機霊の姿に、多くの読者が心を揺さぶられた（『東條英機、「大東亜戦争の真実」を語る』として書籍化）。

　同月15日には自虐史観を広めたジャーナリスト・本《ほん》

多勝一《だかついち》氏の守護霊の霊言を収録すると、本多氏の守護霊は、南京大虐殺は捏造《ねつぞう》であったことを認めた（『本多勝一の守護霊インタビュー』として書籍化）。

さらに21日は、来日して被害を訴えようとした元従軍慰安婦たちの守護霊の霊言も収録。従軍慰安婦そのものが韓国政府ぐるみのでっちあげであることを明らかにした（『神に誓って「従軍慰安婦」は実在したか』として書籍化）。

こうして歴史認識問題に深く斬り込んでいったのは、単に人々の耳目を引くためではない。自虐史観や唯物史観によって誇りを失ってしまった日本を本当の意味で立て直すためには、歴史の真実を探究し、その上で新たな歴史観を獲得する必要があったからだ。日本の歴史に誇りを取り戻してこそ、謝罪ばかり繰り返す中韓との外交姿勢を改め、毅然とした外交が可能になるからだ。

それでも自民党の優位は揺るがず、参院選は公明党も含めて与党が大勝。民主党や社民党が壊滅的な敗北を喫した。幸福実現党は結果を出せなかった。

幸福実現革命、いまだ成らず――。

2013年には、戦後の日本の外交を苦しめた歴史認識問題にも霊言を通して鋭く斬り込んだ。

幸福実現党は戦い続ける

そして今、幸福実現党は5度目の挑戦に向けて、釈《しゃく》量子《りょうこ》・新党首の下で、新たな戦いをスタートさせている。

幸福維新への道のりは険しい。しかし、革命とはそのようなものだ。例えば、明治維新の志士たちは、どうだったか。

・吉田松陰の討幕計画が失敗（1858年）

・寺田屋騒動で決起に失敗（1862年）
・長州が米仏に下関で砲撃される（1863年）
・薩英戦争で薩摩藩が損害を被《こうむ》る（1863年）
・天誅組がクーデターに失敗（1863年）
・天狗党が挙兵するが失敗（1864年）
・長州藩士が池田屋で襲撃される（1864年）
・長州が馬関戦争で敗北（1864年）
・長州が幕府に征伐され降伏（1864年）

——この時点でも志士たちに勝ち目はなかった。

彼らが初めて勝利したのは1866年の第二次長州征伐で幕府軍を各地で破った時だ。それまでは何度も敗れている。それでもあきらめずに前に進み続けた結果、ペリーの黒船来航から数えて15年目でようやく維新を成功させたのだ。

幸福実現党の使命は、とてつもなく大きい。立党宣言である「幸福実現党宣言」には、**「マルクスの『共産党宣言』を永遠に葬《ほうむ》り去りたい」**と明言されている。この言葉は重い。

『共産党宣言』は1848年に出版されたが、この“宣言”を受けて、世界中で結党された共産党が実際に政権を取ったのは1917年のロシアである。彼らは、70年もかけて「神もなく、あの世もなく、生まれ変わりもない」という思想を広げ、「格差は金持ちや権力者の搾取《さくしゅ》だ」と貧しい人々を煽《あお》り、「暴力を使って革命を起こせ」と叫んで政権を取ったのだ。その結果、世界中に不幸がまき散らされ、地上の地獄が拡大してしまった。

日本の誇りを取り戻すことの重要性を訴える釈量子党首（2013年8月15日）。

幸福実現党は、この160年にも及ぶ誤った歴史を、まるごとひっくり返そうとしている。そのために、世界の格差は、金持ちや権力者の搾取によるのではなく、「神もあり、あの世もあり、生まれ変わりがある」ゆえに、過去の魂修行の結果として生じたのだという思想

を広げている。だから、政治活動でありながら、霊言を使って神とあの世と生まれ変わりを証明しようとしているわけだ。霊性革命とは、政治と宗教が一体となって、人間が本来持っている魂の尊厳を取り戻すための聖なる運動なのである。

地球的正義を確立するために

それだけではない。幸福実現党は世界にも責任を持とうとしている。立党以来、大川総裁は「国師」としての立場を超え、「世界教師」として、アメリカ、中東、アジア、ヨーロッパなどについても、あるべき政治の姿を示し続けている。「世界の警察官ではない」と発言したアメリカのオバマ大統領のリスクを5年も前に指摘しているし、中国の習近平の危険性についてもいち早く警告を発している。宗教的に対立するイランやイスラエル問題にも霊的背景を探究することによって、解決の糸口を探っている。

日本の未来をデザインするだけでなく、世界の行方についても責任を負わんとして、宗教が対立し、善悪の判定が見失われがちになるなかで、新たなる地球的正義を確立しようと、様々な提言を繰り返している。日本に襲い掛かろうとする国難の克服は、幸福実現党がなそうとしている仕事のほんの一部にしか過ぎない。

その意味で、ユートピア創りの道は、はるか遠くまで続いている。幸福実現党のこの戦いに終わりはないのだ。

つづく――

2013年 1月〜

13年	1・16	アルジェリア人質拘束事件
	1・30	中国艦船が自衛隊の護衛艦にレーザー照射
	2・12	北朝鮮が3回目の地下核実験
	4・28	参院補選（山口選挙区）で候補者を擁立
	5・15	安倍首相、「村山談話」を継承
	7・21	衆院選で候補者を擁立 自民大勝で衆参のねじれ解消
	8・15	「大川談話」発表

チラッと見てパッと分かる！
幸福実現党の政策のポイント

消費増税 ⬇ 中止

原発 ⬇ 再稼働

TPP ⬇ 参加

憲法9条改正 ⬇ 賛成

■教育バウチャー制度の導入　■学校設立自由化　■「いじめ禁止法」の制定　■徳育・歴史教育の充実　■「宗教立国」の実現　■「新・日本国憲法試案」をベースとする憲法改正　■大統領制導入　■参議院廃止　■政党助成法・公職選挙法の見直し　■中選挙区制　■「小さな政府」「無税国家」の実現　■GDP世界一　■ユーラシア大陸を一周するリニア鉄道　■月と火星の都市建設

MAIN POINTS

集団的自衛権 ➡ 容認

道州制 ➡ 反対

法人税・所得税 ➡ 減税

「宮沢談話」「河野談話」「村山談話」 ➡ 撤回

OTHER POINTS

■拉致問題の早期解決　■オスプレイ配備の推進　■敵基地攻撃能力の保有　■国連常任理事国入り　■未来産業・次世代交通インフラに200兆円投資　■相続税・贈与税の廃止　■３％程度のインフレ目標設定　■金融緩和の拡大・継続　■防災インフラ整備　■都市開発　■高齢者の雇用拡大　■里親・養子縁組の奨励　■年金制度の再構築（賦課方式の廃止）　■先端医療技術の研究・実用化の推進　■土曜授業の復活

年金問題、原発再稼働、憲法改正、
国防強化、政教分離――。
幸福実現党や同党の政策に対する疑問を
Ｑ＆Ａで分かりやすく解説します。

Q&A

【未来ビジョン】

Q　幸福実現党は、「GDP世界一を目指す」と言っていますが、そんなに無理する必要はないのでは?

A　日本はもう一段発展できます。「失われた20年」と言われる長期不況を克服するためにも、貧困に喘《あえ》ぐ世界の国々を助けるためにも、さらなる発展を目指す必要があります。

「下山の思想」のように、日本はこれ以上発展する必要はないという考え方もありますが、気をつけねばなりません。「失われた20年」と言われる長期不況は、もともと増税や金融引き締めといった間違った政策によってもたらされたものです。政策を正せば、日本はもう一度高度成長を実現することも可能です。「成長できない」というのは単なる思い込みに過ぎません。

また、日本には世界を救う〝義務〟があります。世界の人口は100億人に向けて増え続けており、慢性的

幸福実現党
政策

な食糧不足と資源不足をもたらしています。これが飢餓、公害、病気、紛争による被害を深刻化しているわけです。

日本の省エネ技術、環境技術、医療技術は、こうした世界の課題を解決できる可能性を秘めています。単に日本さえ豊かになればいいというわけではなく、世界をよりよくするために、日本はさらに発展する必要があるのです。そのために２００兆円をかけて未来投資を進めていこうというのが幸福実現党の考え方です。

具体的には、航空・宇宙、防衛、ロボット、新エネルギー開発、海洋開発、バイオ技術による食料増産などの未来産業に１００兆円を投資。リニア新幹線、新幹線、都市交通網などを整備して、移動時間を3分の2に縮める交通革命のために１００兆円を投資します。

今、アメリカや中国、ＥＵは揃って不況に苦しんでいます。日本がいち早く不況を抜け出して、世界中からモノを買い、投資すれば、世界経済を成長させることも可能です。だから、その一つの目安として、ＧＤＰで世界一を目指したいと考えているわけです。

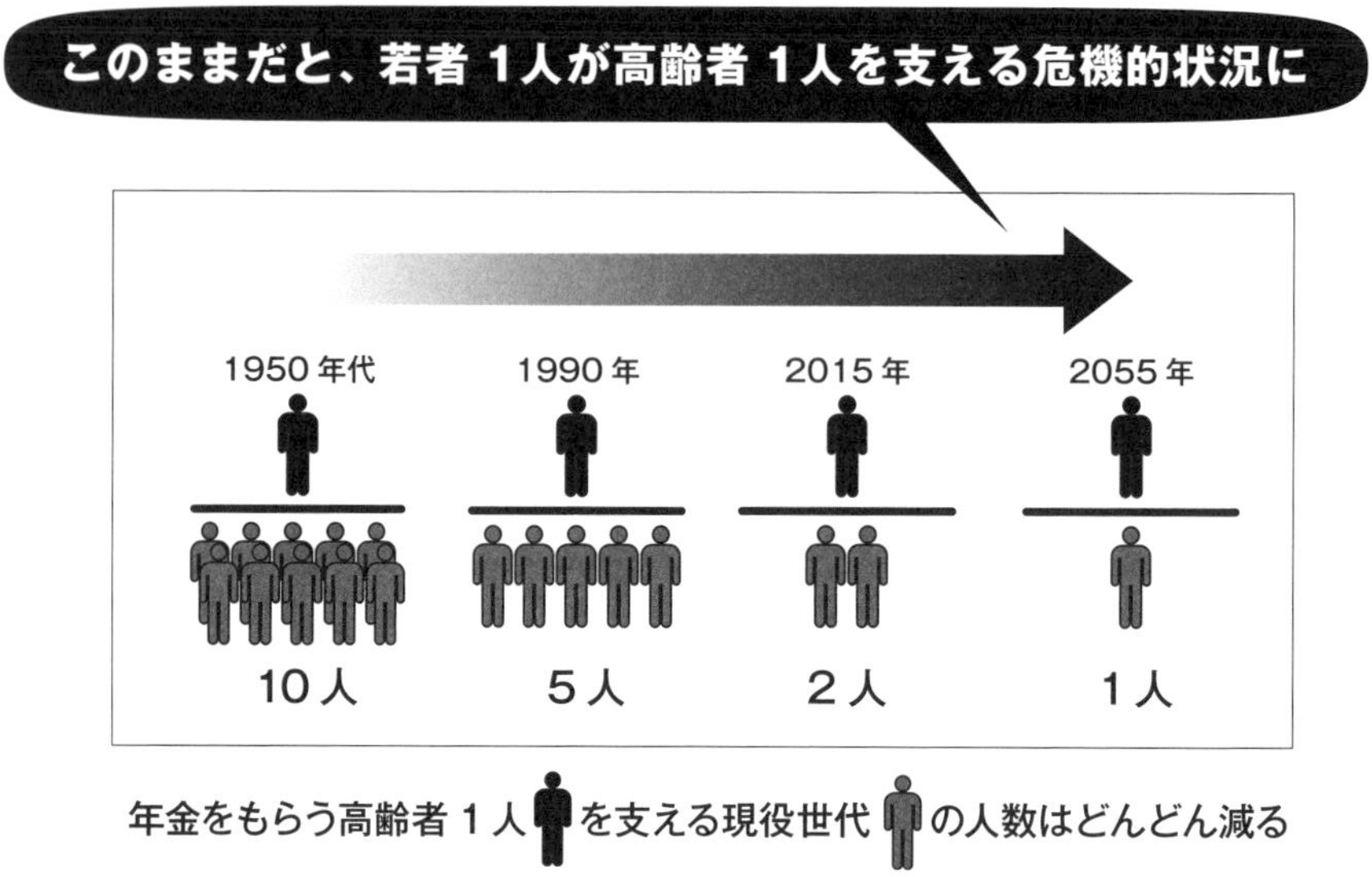

年金をもらう高齢者 1 人 を支える現役世代 の人数はどんどん減る

（月刊「ザ・リバティ」2010 年 6 月号より）

【年金問題】

Q 増税しないと年金などの社会保障の財源はどうなるのでしょうか？

A そもそも年金は破綻しています。人口を増加させ、生涯現役社会をつくるしかありません。

２０３０年頃には日本の人口は65歳以上が３割を超えます。現在の年金・医療・介護サービスの水準を維持するには、社会保障費は毎年１兆円程度増えていきます。50年に高齢者人口は１・２人に１人となり、若者１人が高齢者１人を支える時代です。これでは消費税を多少増税したところで焼け石に水です。基礎年金部分をまかなうだけでも、18％の消費税が必要という試算もあります。もともと成り立たない話なのです。

現在の年金制度は、〝国営ネズミ講〟です。「自分が払い込んだ保険料の何倍もの年金を全員がもらえる」などというウマい話が成り立つでしょうか。現役世代

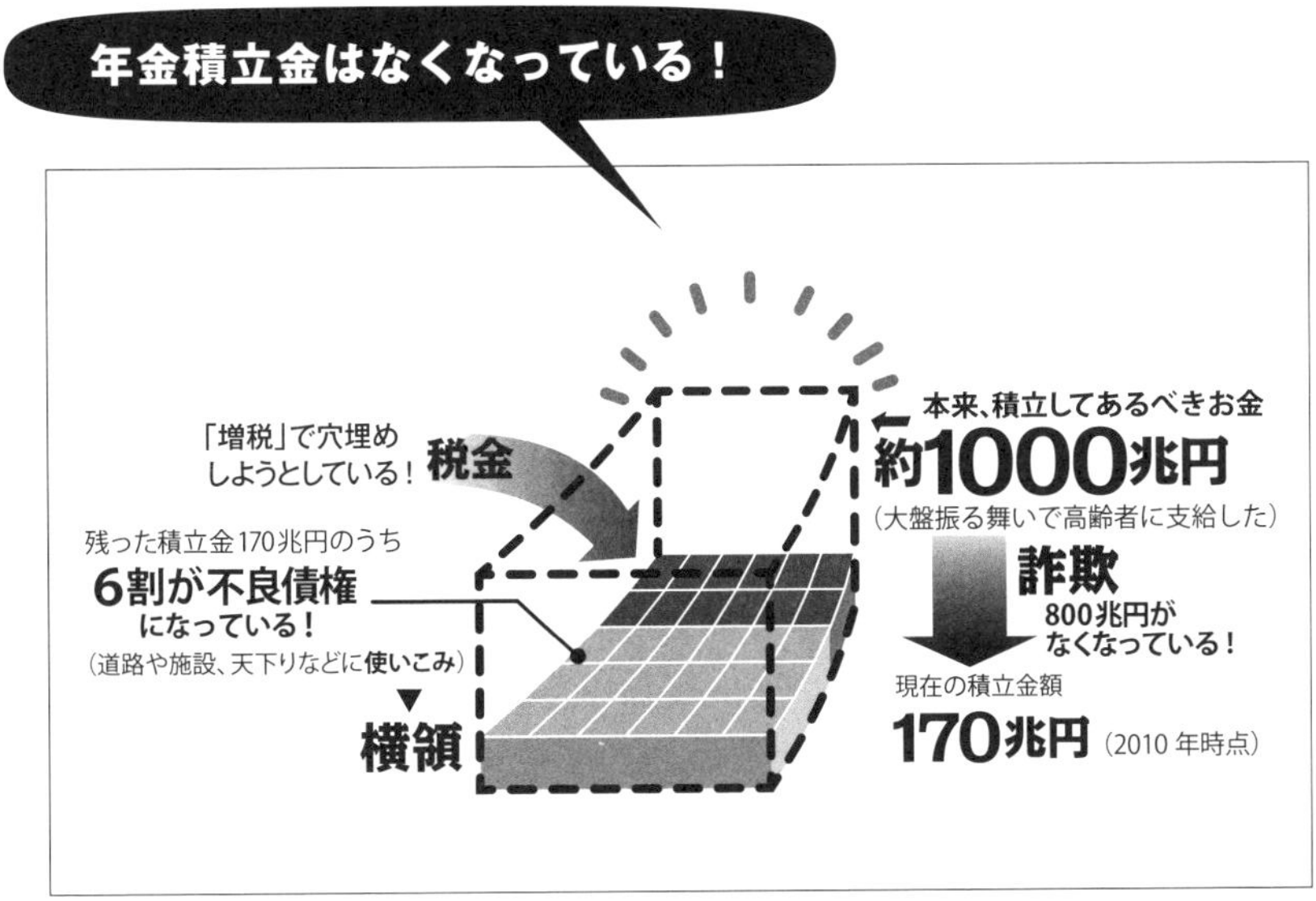
年金積立金はなくなっている！
本来、積立してあるべきお金
約1000兆円
（大盤振る舞いで高齢者に支給した）
「増税」で穴埋め
しようとしている！ 税金
残った積立金170兆円のうち
6割が不良債権
になっている！
（道路や施設、天下りなどに使いこみ）
▼
横領
詐欺
800兆円が
なくなっている！
現在の積立金額
170兆円（2010年時点）

（月刊「ザ・リバティ」2012年6月号より）

が、赤の他人の高齢者のために〝仕送り〟をしなければならない「賦課《ふか》方式」という仕組みには無理があります。自分が積み立てた保険料を老後に自分で受け取る「積立方式」なら破綻しなかったのです。

制度を根本的に改めて、年金がなくても生活が困らない人への支給をやめ、本当に困る人にだけ支給するという形にする必要があります。

もちろん、すぐにドラスティックな改革はできないでしょうから、当面の間は、年金の支給を開始する年齢を引き上げるか、支給する金額を抑えるかして、対応する必要があるでしょう。これは具体的には75歳定年制の方向に移行せざるを得ないということです。

そして、根本的に年金問題を解決するには、人口を増やすしかありません。そのためには、広くて安い住宅を供給できるようにしたり、女性が育児をしながら仕事を続ける環境を整えたりする必要があります。移民の導入も検討すべきでしょう。

増税は一見分かりやすい対策に見えますが、根本的な解決にはならないことを知っておくべきです。

【原発（エネルギー政策）】

Q　幸福実現党は「原発再稼働」を主張していますが、多くの被害者を出した原発を動かすのは危険では？

A　福島の原発事故では、放射能被害で亡くなった人はいません。

２０１１年3月に起きた福島第一原発事故で亡くなった方は、放射線が原因ではありません。政府による本来必要のない強制避難や、マスコミが広げた過剰な放射線への恐怖心によるものです。お年寄りを中心に、避難の最中や、慣れない避難所生活で体調を崩して亡くなったり、絶望して自殺したりしています。また、原発の停止によって、節電のためにクーラーを使わずに熱中症で亡くなった方もいます。そもそも、福島の被災者の被曝線量は非常に低く、病院の検査に使うCTスキャンわずか1回分以下に過ぎません。現に、放射線が原因とされる健康被害は出ていません。

放射性物質の放出量 テラBq（※テラ＝１兆）

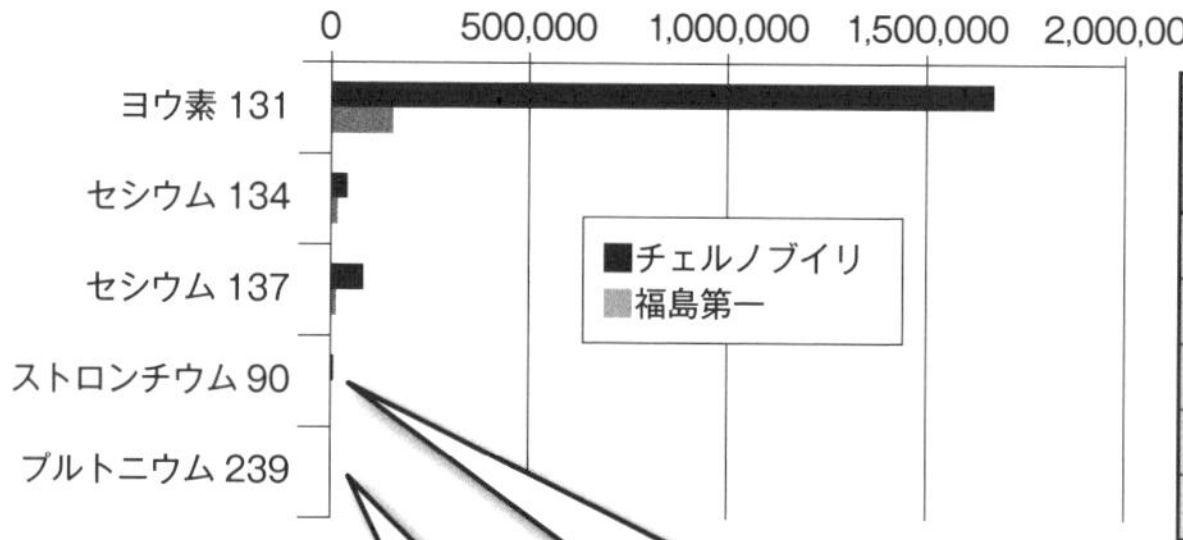

チェルノブイリと比較した福島第一の規模	
ヨウ素 131	8.9%
セシウム 134	41%
セシウム 137	18%
ストロンチウム 90	1.8%
プルトニウム 239	0.012%

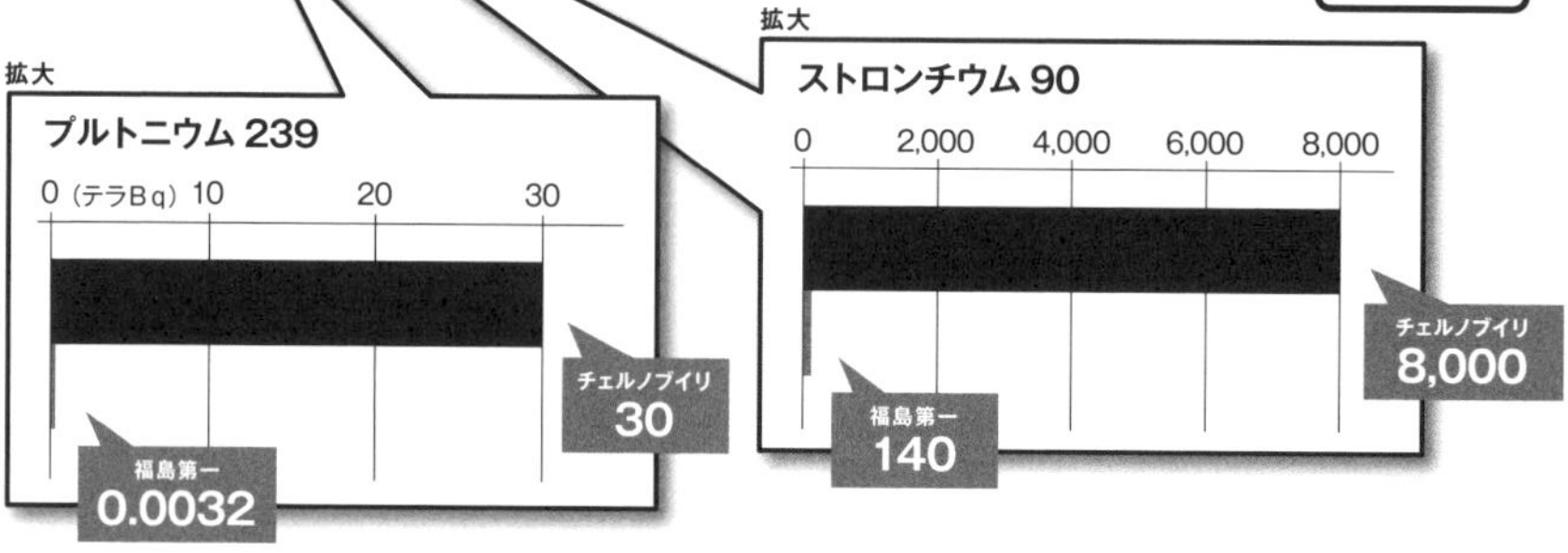

（経済産業省ホームページ「年間20ミリシーベルトの基準について」より編集部作成）

現在、原発停止分を火力発電でまかなっていますが、原油や天然ガスの輸入価格が上昇しており、電気料金の値上げにより、家計や企業に負担がかかっています。しかも、もし中東や輸送路の中国近海で軍事緊張が高まれば、化石燃料が入ってこなくなる恐れがあり、オイルショックが再来しかねません。

また、太陽光や風力といった自然エネルギーは、総発電量に占めるシェアが1・6%に過ぎず（12年度）、原発の代わりにはなりません。天候に左右されるため、電力供給が不安定な上、太陽光発電は原発の約8倍ものコストがかかります。

脱原発でさらに発電コストが上がれば、電気料金のみならず、関連する様々なモノやサービス、交通機関などのコストも跳ね上がり、倒産や失業者が増え、不況が深刻化します。自殺も増えるでしょう。

よって、脱原発で電力不足に陥るほうが危険です。幸福実現党は、原発を再稼働するだけでなく、高速増殖炉「もんじゅ」を実用化して使用済み核燃料を再び発電に使うサイクルを確立すべきだと考えます。

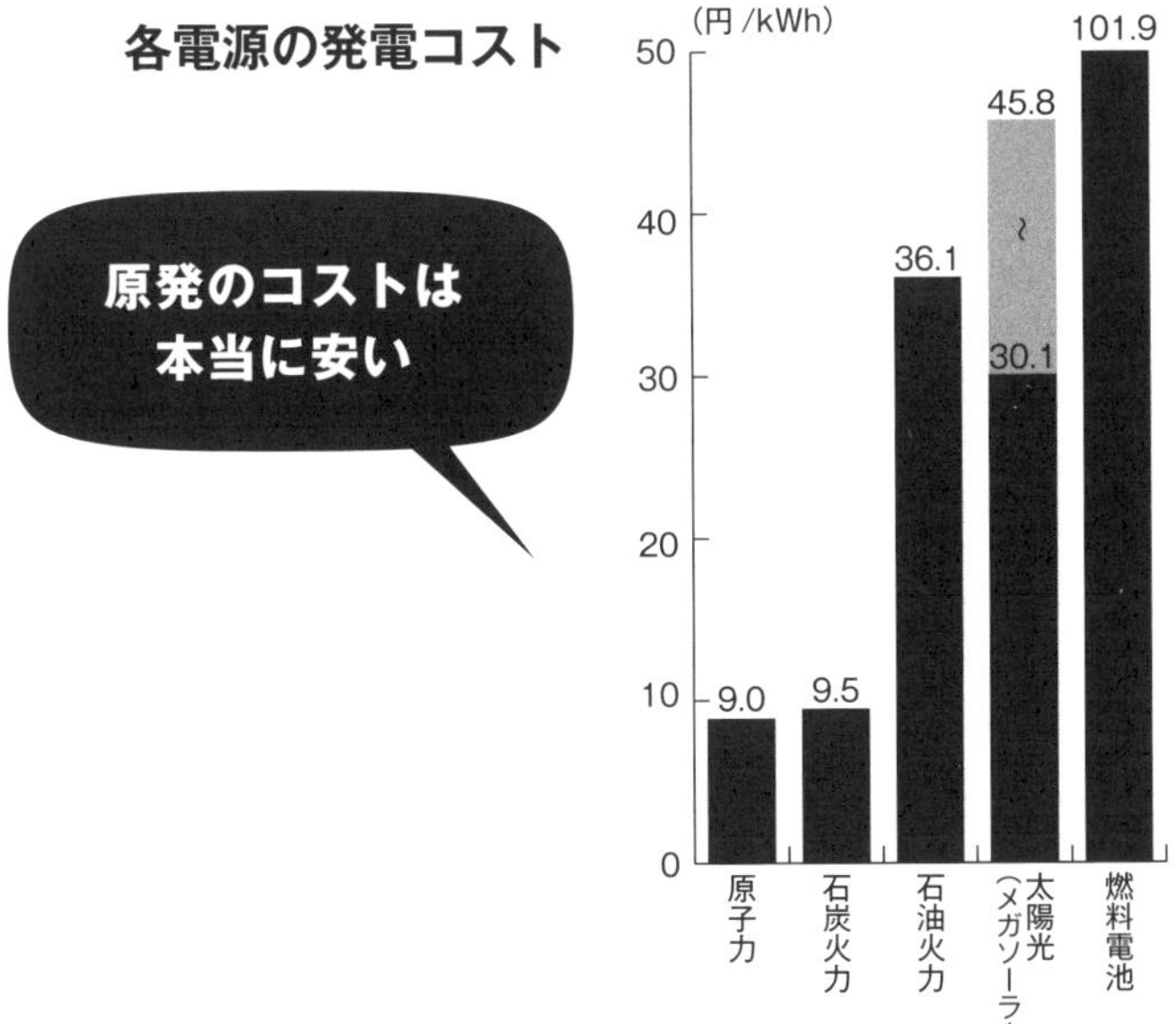

（国家戦略室「発電コストの試算シート」より編集部作成）

【憲法9条改正】

Q　日本は憲法9条のおかげで平和でいられたのに、なぜ憲法9条を改正する必要があるのですか？

A　日本が平和でいられたのは、憲法9条ではなく、日米安保と在日米軍のおかげです。

これまで日本がどの国にも攻められなかったのは、アメリカが日本を防衛することを約した日米安全保障条約と、実際にその任務にあたっている約5万人の在日米軍の存在があるからです。

しかし、内政問題に窮しているアメリカがいつまでも日本を守ってくれるとは限りません。もし米軍が日本から出ていけば、日本が他国に侵略される可能性もあります。自国の国民の生命と財産と安全を守るためには、日本独自の防衛力を持つ必要があるのです。

そのためには、「戦争放棄」と「戦力不保持」を謳《うた》う憲法9条を改正しなければ、日本は正式には軍隊を持つことができず、攻撃されるまで反撃できません。本来すぐにでも憲法を改正すべきですが、9条の改正論議は遅々として進んでいない状況です。

そこで、幸福実現党は解釈の変更を訴えています。憲法前文には、「平和を愛する諸国民の公正と信義に信頼して、われらの安全と生存を保持しようと決意した」とあります。9条はこの前提の下に定められています。

しかし、昨今の中国・北朝鮮の急速な軍備拡張や挑発行為を鑑《かんが》みれば、これらの国は「平和を愛する諸国民」とは言えません。つまり、この前文の前提条件が成立しないため、9条は適用されないと解釈することができます。

改正自体に不安を感じる声もありますが、戦後70年近くの間、日本のように一度も改正していないのは実は極めて特異です。アメリカは6回、フランスは27回、イタリアは15回、ドイツも59回改正しており（2013年7月時点）、時代や国際情勢の変化に伴って憲法を改正することは、世界においては普通のことなのです。

【国防・安全保障】

Q 幸福実現党は「国防強化」を訴えていますが、再び戦争をするつもりですか？

A 戦争せずに国を守るために、国防の必要性を訴えています。

軍隊を持ったからといって、日本が戦争を仕掛けるわけではありません。しかし、「武力を持っていない」ということは、「戦争をしない」のではなく、「戦争ができない」ことを意味します。つまり、他国から攻撃や侵略されても追い返せないということです。

日本では「非武装」中立国と誤解されているスイスであっても、実は「武装中立・国民皆兵」の下に、強大な軍事力を持っています。徴兵制の他に、有事の際には、公共施設は破壊して障害化でき、民間飛行機は軍用転換ができるように細工され、農地は機関銃陣地、対戦車陣地がつくられるなど、国全体が常に戦闘準備体制になっています。軍隊なしに平和を実現している国などありません。

日本は「戦争放棄」と「戦力不保持」を謳った憲法9条が足かせとなって、正式には軍隊を持つことができず、攻撃されるまで反撃できない状態にあります。

しかし、外国から攻められた時に国を守る軍隊がなければ、チベットやウイグル、内モンゴルと同じ運命を辿ることになります。これらの国では、軍事的な備えが弱かったために、第二次大戦後の混乱にまぎれて中国に占領され、数多くの人が殺されました。現在は中国領の自治区とされ、あらゆる自由が奪われています。

さらに、現代の核の時代においては、攻撃されてから防衛するのでは手遅れです。バランス・オブ・パワーの観点から抑止力として、他国に攻撃を思いとどまらせるだけの防衛力を備えていなければいけません。

「今まで攻めてこなかったから、今後も攻めてこない」という考え方は極めて甘く、無責任です。国民を守るのは国家としての義務であり、平和を実現するためには、どうしてもある程度の防衛力は必要です。

【日米同盟】

Q 日米同盟を堅持して、アメリカに守ってもらえばいいのでは？

A アメリカは国防費を縮小しています。いつまでも守ってもらえるとは限りません。

日本は戦後70年近くもの間、「世界の警察官」のアメリカに守られ続けてきました。しかし、現在のオバマ政権は、財政赤字の解消などの内政問題に重点を置き、「世界の警察官」の役割を放棄し始めています。

今後10年間で国防費を約５０００億ドル強制削減する計画で、その場合、陸軍の兵力を約3割削減、空母を11隻から8隻に減らす必要があるといいます。

中東のシリアでは2年半も続く内戦で11万人を超える死者が出ており、国連調査で化学兵器の使用も報告されましたが、アメリカは軍事介入しませんでした（２０１３年9月23日時点）。

一方で、隣国・中国は着々と軍備増強を進めています。国防予算は１９８９年以降、２０１０年を除く20年間毎年2桁の伸びを記録し、この10年で4倍近くに増えています。13年の同予算はアメリカに次ぐ世界2位になりました。核兵器の保有数も増やしつつ、12年9月には同国初の空母「遼寧《りょうねい》」を就航させるなど海軍力強化にも力を入れています。また、北朝鮮も核実験を重ね、核ミサイル開発に余念がありません。

東アジアに「正義」による秩序をもたらすためには、日米同盟を堅持することは大事ですが、中国・北朝鮮問題は日本にとって国家存亡の危機であり、受け身ではなく、主導的に問題解決に動かなければいけません。

中国船による尖閣周辺の領海侵犯が頻繁に繰り返されるなか、アメリカは沖縄に駐留する米海兵隊の約半数を、２０２０年までにグアムに、26年までにハワイに移転する予定です。そうなれば、日本の国防はさらに薄弱になり、他国による侵略の危険性も高まるでしょう。「自分の国は自分で守る」体制を築かなければいけない時が来ているのです。

日本周辺国の核兵器の数（核弾頭の数）

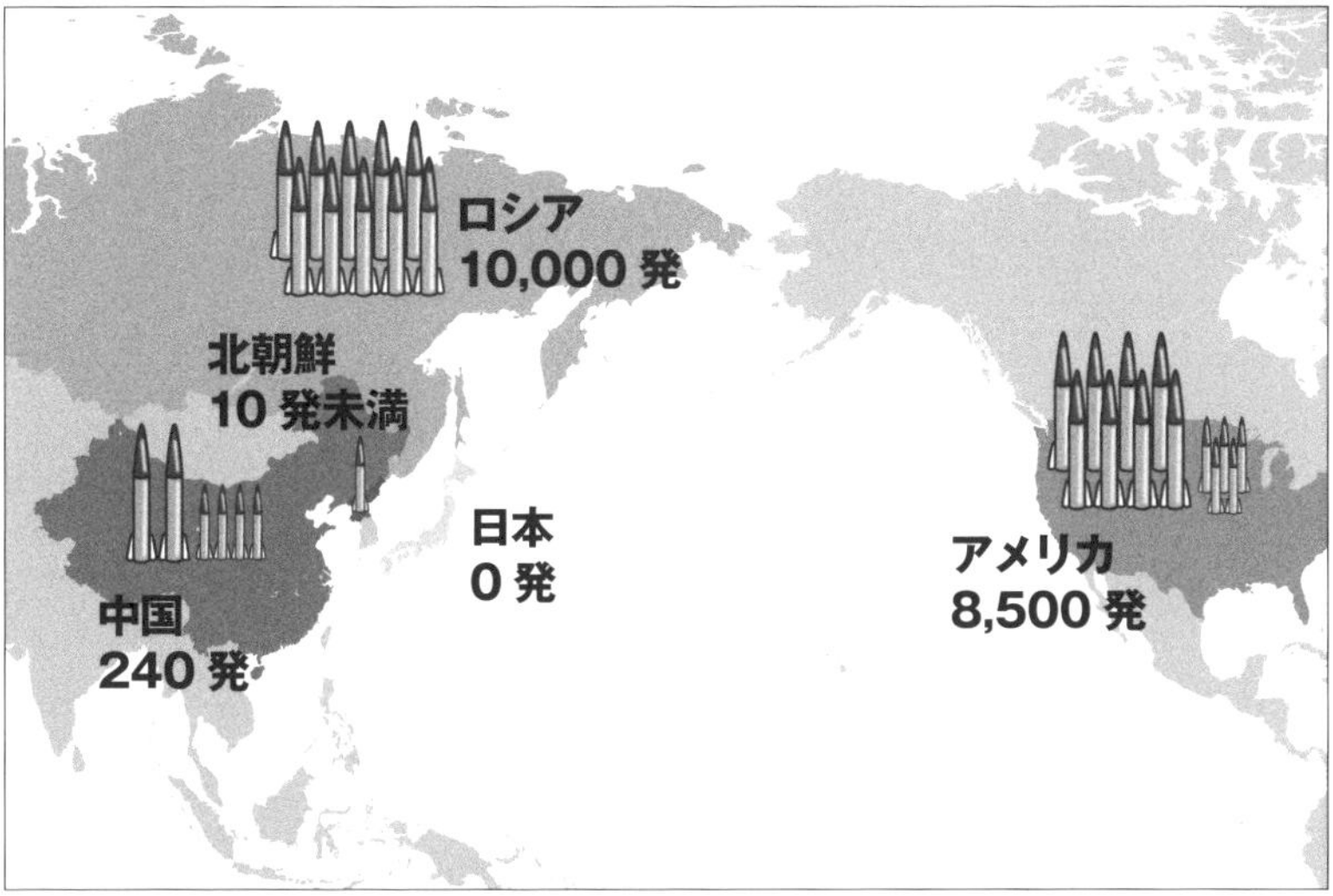

（米科学者連盟の推計をもとに編集部作成）

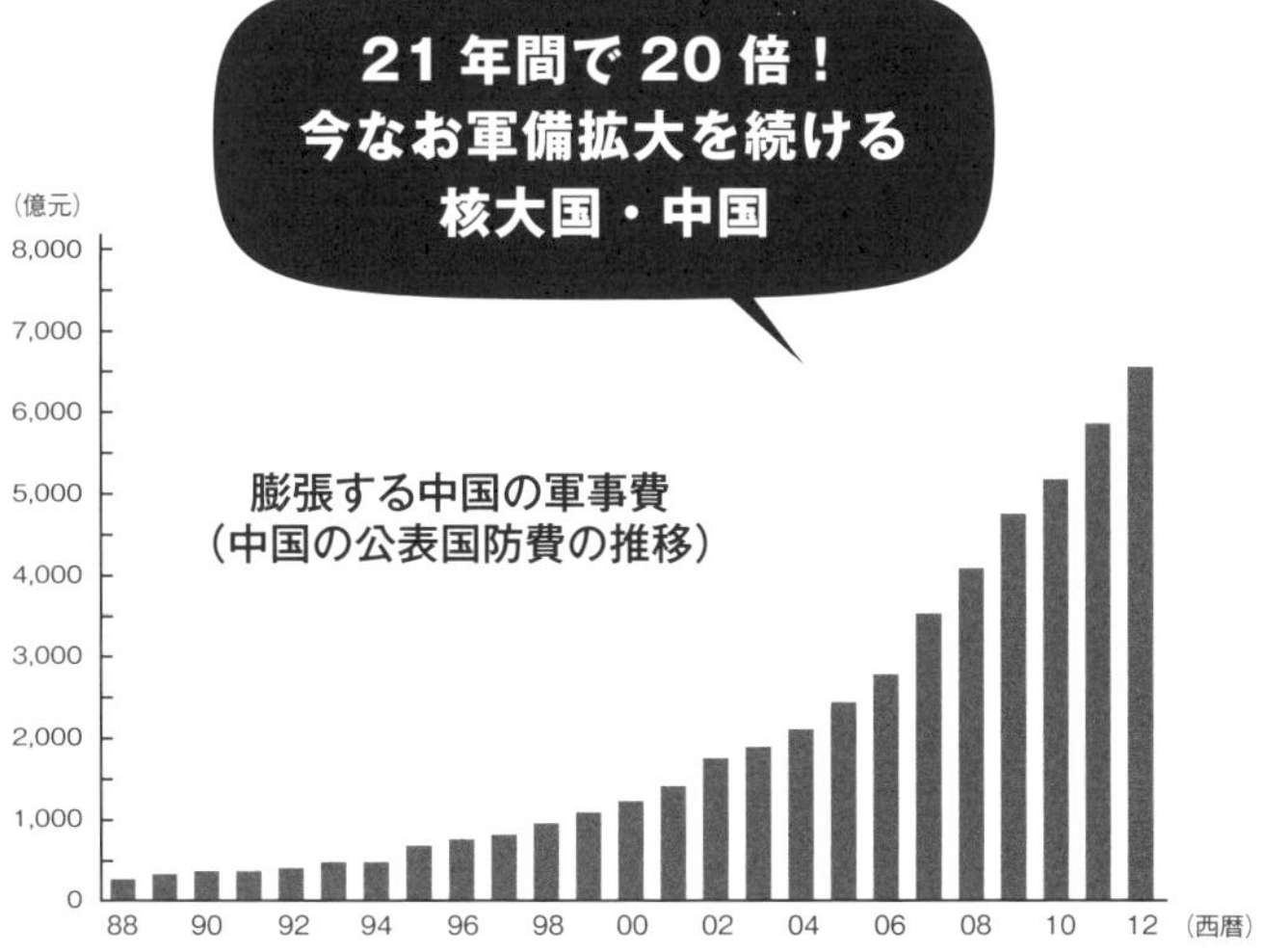

（「平成24年度版　防衛白書」より）

【河野・村山談話】

Q 日本は、先の大戦でアジア諸国を侵略し、植民地支配をした「悪い国」なんですよね？

A 先の大戦は日本の自衛戦争であり、アジア解放のための聖戦でした。

中国や韓国が「日本は侵略国家」として〝自信〟を持って日本を非難し、謝罪と賠償を強要できる論拠になっているのが、河野・村山談話です。

「河野談話」は、1993年に河野洋平官房長官（当時）が、戦時中の日本軍・官憲による慰安婦の強制連行を実質的に認め、謝罪したもので、「村山談話」は、95年に村山富一首相（当時）が先の大戦における日本の侵略行為を認め、謝罪したものです。

しかしながら、従軍慰安婦の強制連行は史実ではありません。また、日本は日清・日露戦争後、台湾・朝鮮をやむなく併合・統治し、満州国建国を後押ししましたが、欧米列強のような植民地支配ではなく、インフラ整備や衛生観念、初等教育を普及させて、それらの国が発展して独立できるように努めました。

先の大戦で日本が戦ったのは、アジアを植民地支配していたアメリカ、イギリス、オランダ、フランスです。最終的には敗れましたが、日本人が白人を武力で打ち

河野談話［抜粋］（1993年8月4日）

「本件（従軍慰安婦）は、当時の軍の関与の下に、多数の女性の名誉と尊厳を深く傷つけた問題」、「いわゆる従軍慰安婦として数多の苦痛を経験され、心身にわたり癒しがたい傷を負われたすべての方々に対し心からのお詫びと反省の気持ちを申し上げる」

村山談話［抜粋］（1995年8月15日）

「わが国は、遠くない過去の一時期、国策を誤り、戦争への道を歩んで国民を存亡の危機に陥れ、植民地支配と侵略によって、多くの国々、とりわけアジア諸国の人々に対して多大の損害と苦痛を与えました」、「あらためて痛切な反省の意を表し、心からのお詫びの気持ちを表明いたします」

日本は最下位！

意識調査「もし戦争が起こったら、国のために戦うか？」

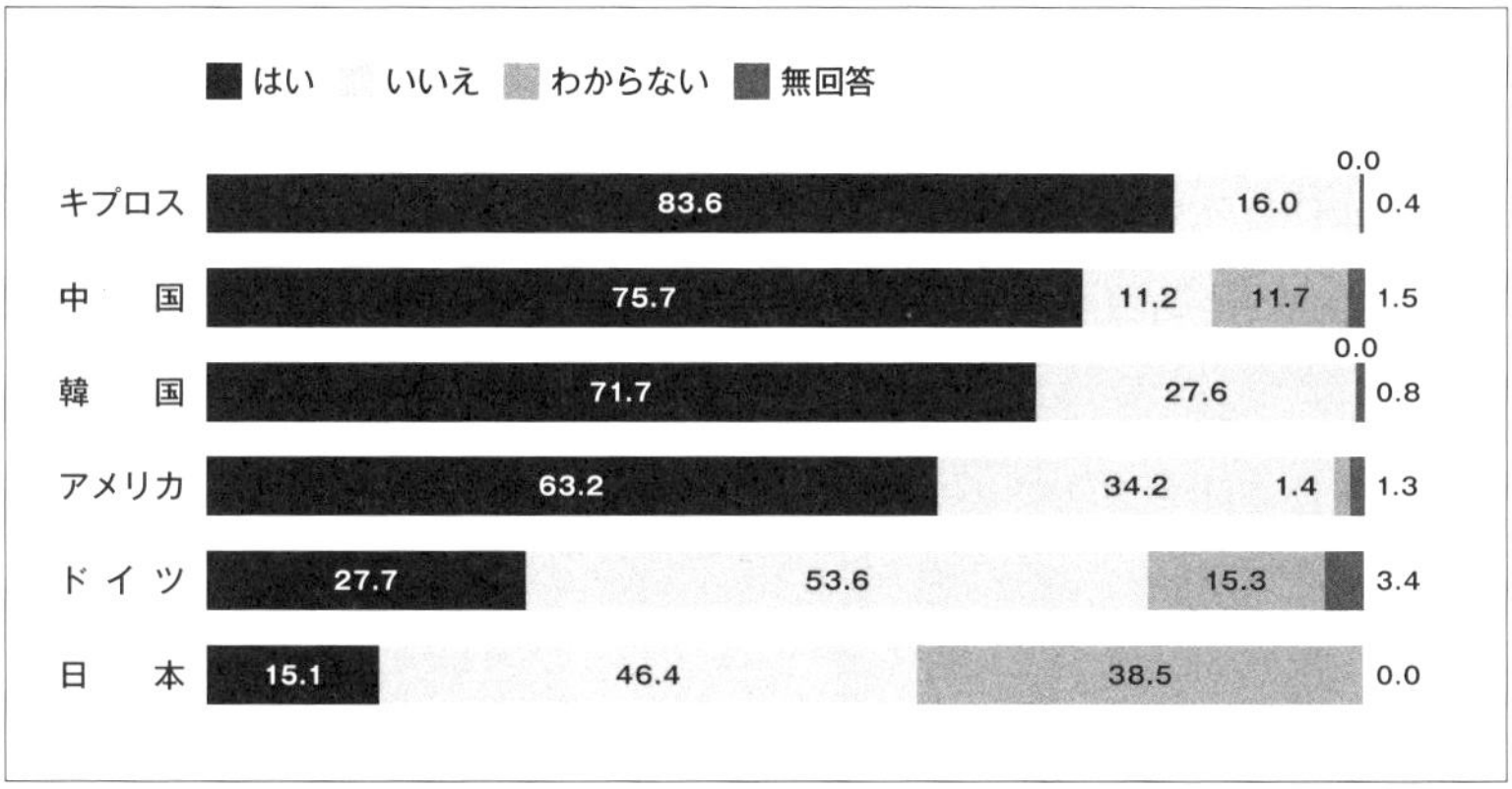

（電通総研・日本リサーチセンター『世界主要国価値観データブック』より一部抜粋）

負かす姿を見て、アジアの人たちは独立戦争に立ち上がり、戦後にかけてインドやインドネシア、ビルマなどの国々が独立を果たしました。

したがって先の大戦は、「白人優位の人種差別政策の粉砕」と「アジアの植民地解放のための聖戦」だったのです。

そもそも、日本が日清・日露戦争を戦ったのは、領土拡張を図《はか》るロシアの南下を阻止するためであり、日中戦争は、実際は、中国国民党を支援したアメリカ、イギリスなどとの「代理戦争」でした。つまり、日本は、欧米の植民地主義と共産主義の脅威に対して「自衛戦争」をしたのです。

しかし、河野・村山談話が日本政府の公式見解となっている限り、「日本は残虐な侵略国家である」という誤った歴史認識が既成事実化し、謝罪外交が続くでしょう。自虐史観を払拭《ふっしょく》し、日本の誇りを取り戻すには、両談話を葬《ほうむ》り去り、正しい歴史認識を示す新たな談話が必要です。そのため、幸福実現党は大川隆法総裁による「大川談話―私案―」（130ページ）を発表しました。

【宗教と政治】

Q　幸福実現党が政治に進出する本当の狙いは何ですか？

A　言葉通り、国民の「幸福」を「実現」するためです。

政治の目的は「権力闘争」ではありません。政治に競争があること自体はかまわないのですが、それは大川総裁が指摘するように「**『どちらが、より多くの国民を幸福にできるか』という意味でのコンペティション（競争）**」（大川隆法著『政治革命家・大川隆法』）であるべきです。

その意味で、幸福になるための心の持ち方や人生観の持ち方を教えている宗教が、それを具体的な成果につなげるために政治に進出するのは、本来、当然のことです。「どうしたら国民を幸福にできるか」という観点で現在の政治を考えたときに、自民党をはじめとする既存政党では不十分です。国民を幸福にするための思想や哲学が、今一つ欠けているように見えるからです。宗教政党が公明党だけというのも、心もとないものがあります。

また、「神もなく、あの世もなく、霊もない」という唯物的な思想をベースにした政党も残っていますが、その考え方では人々を幸福にできません。宗教や信仰をベースにしてこそ幸福は実現されます。数千年以上に及ぶ政治の歴史のなかで、唯物論をベースにした政治はここ100年ほどしかありません。信仰をベースにした政治がスタンダードで、唯物論をベースとした政治は歴史的にはむしろ例外です。

権力闘争としての有利・不利よりも、神の目から見た正義を優先できるという意味での宗教政党は必要です。国防強化や原発再稼働など、損得や利害を超えて、あるべき政策を主張できるのも宗教だからこそです。損得や利害に縛られて正論を訴えることができない日本の政治のなかで、今こそ宗教政党は必要とされていると考えます。

【政教分離】

Q　そもそも幸福実現党は憲法の「政教分離」に違反しているのではないですか？

A　政教分離にまったく違反していません。むしろ意味を取り違えています。

「政教分離」の意味を、「政治と宗教は分けなければいけない」という意味に取り違えている日本人が多いようです。

そもそもの「政教分離」の規定は、「政治が様々な宗教を弾圧しない」ということです。「国家は宗教を弾圧してはいけない」という規定です。宗教が政治に関わることを禁ずる規定ではありません。

この規定が作られた背景には、明治時代から昭和戦前にかけて、国家神道が他の宗教を弾圧したり壊滅させたりしていたことがあります。「廃仏毀釈《はいぶつきしゃく》」もその弾圧の一つです。敗戦後、「そのように国家が特定の宗教を強く保護して、他の宗教を弾圧することがないように」という趣旨で政教分離が定められました。

信仰を持つ人や宗教を信じる人は、政治に参加してはならないという規定ではないのです。もしそういう内容の規定だったら、それこそ憲法違反です。「表現・言論・結社の自由」に違反することになります。また、民主主義の精神にも反します。民主主義は、「すべての人の政治参加の自由」を保障しています。日本は民主主義の国です。

欧米では宗教政党は当たり前に存在し、政治活動を行っています。ドイツでは「キリスト教民主党」が与党として国を運営しています。

キリスト教国では事実上、キリスト教が国教となっていて、キリスト教に基づいて、アメリカでも大統領就任式で大統領は聖書に手を置いて宣誓をします。イスラム教国も宗教と政治が一体化しています。

宗教政党があるということは、その国に「信教の自由」が認められているからです。それが民主主義国家の証明でもあるのです。

《スペシャル・インタビュー》

識者から見た幸福実現党

Special Interview 01

HIDEAKI KASE

加瀬 英明

「日本のために必要な提言を訴え続けてほしい」

「原発推進」を唯一訴えた幸福実現党

いつも幸福実現党の公約は素晴らしいと思っています。幸福実現党は他の政党が言わないことを大胆に言いますが、昨年の総選挙と今夏の参院選でも「原発推進」を主張したのは幸福実現党だけでした。

先日、ＮＨＫ総合テレビで福島原発事故による除染に３兆３千億円かかると報じていました。日本の非科学的な放射性物質の除染基準を満たそうとすると、それ以上の費用がかかってしまいます。

宇宙飛行士は宇宙で常時14ミリシーベルト以上の放射線を常時浴びているし、私たちも普段外を歩くだけで１ミリ以上の放射線を浴びていますが、健康に生きています。マスコミや不勉強な自称専門家が「反原発」と騒ぎ立てるのはおかしいと思います。こうした反原発の空気は正すべきです。

日本に最も必要なのは「精神の自立」

エネルギーや食糧の自立も大切ですが、私は日本にとって何より

1936年、東京生まれ。外交評論家。慶應義塾大学、エール大学、コロンビア大学に学ぶ。1977年より福田・中曽根内閣で首相特別顧問を務める。『ブリタニカ国際大百科事典』初代編集長を経て、現在、国内外での講演、執筆などで活躍中。

も大切なのは、「国民精神の自立」です。幸福実現党の公約は、まさにこの精神の自立に大きな重点を置いていて頼もしいですね。

昭和21年にアメリカ占領軍が日本に強いた「日本国憲法」は、日本を永久に独立国にしないための〝憲法を装った不平等条約〟です。一日も早くこの偽《ぎ》憲法を改正して、日本を精神的に自立させましょう。今の日本は偽国家です。

安倍政権が「戦後レジームからの脱却」を果たしてくれると期待していますが、事態はまだ好転していません。政権発足後、はっきりした動きが見えません。

そもそも日本をここまで堕落させたのは、実は民主党ではなく、自民党です。民主党政権の3年半はその仕上げをしたに過ぎない。自虐史観を蔓延させて日本に大きな災いを及ぼしてきた「村山談話」と「河野談話」には自民党が関与しました。安倍首相もこれらの談話を踏襲すると表明しました。

「河野談話」や「村山談話」を撤回するのが難しければ、二つを否定する「安倍談話」を出せばいい。私は「大川談話」に大賛成です。大川総裁が首相になればいいのですが。皆さん頑張ってください。

幸福実現党には、ぜひ軍国主義を再評価していただきたいと願っています。もし、日本が明治以降軍国主義をとらなかったとすれば、日清戦争も日露戦争も負けていました。民主主義にも軍国主義にもいい面と悪い面があります。軍国主義だけがすべて悪かったとする主張はまったく病的です。

今の日本にとって一番必要なのは、何といっても国防です。国防は物だけでなく、心を整えなければいけません。日本が精神的に自立しない限り、真の国防はありえないのではないでしょうか。

宗教政党は世界的に見て問題ない

幸福実現党は宗教政党であることから批判を受けていますが、私はかまわないと思います。先進国に宗教政党がいくらでもあります。

フランスでは国葬などは必ずノートルダム大寺院で行います。アメリカでは大統領の就任式は宗教行事です。キリスト教徒の大統領であれば『聖書』に、イスラム教徒の大統領が出た場合には『コーラン』に手を置いて宣誓します。アメリカ連邦議会には創価学会員が二人いますが、そのお一人が大統領に当選したら『池田大作全集』の上に手を置いて宣誓するのでしょうね。

アメリカの1ドル札には「IN GOD WE TRUST（われわれは唯一の神を信ずる）」というモットーが刻まれていますが、誰も政教分離の原則を侵すと非難しません。イギリスでは、エリザベス女王はイギリス国教会の首長であり、もちろん国家行事はイギリス国教会によっています。

今の日本は「政教分離の原則」を理由に、国家行事も地方自治体の行事も無宗教で行っています。これは国が無神論を奨励しているという由々しいことです。いったい、国家や地方自治体が無神論を宣伝してよいものでしょうか。

共産国家を除けば、無神論で行事を行っている国は、世界のなかで日本と韓国だけです。韓国は儒教の国ですが、これも無神論のようなものです。私は日本は神仏混《しんぶつこん》淆《こう》で行うべきだと思います。

こんなに日本の世相が荒れているのは、異常なまでの消費生活に耽《ふけ》って国民の心がおかしくなっているからですが、これは国が無神論を奨励しているからです。これもマッカーサーの悪だくみによるものです。自然や動物を崇拝する神道は、彼らから見たら邪教中の邪教です。もし日本がフィリピンのようなキリスト教国だったら、アメリカが政教分離を強制することがなかったはずです。こうした面でも、「戦後レジームからの脱却」が急がれます。

他党にない正論を訴え続けてほしい

これまで幸福実現党は何回も国政選挙で多数の候補者を立ててきましたが、なかなか大変ですね。今は地方議会が非常に重要ですから、地方から国政という流れでもよいのではないでしょうか。

国家的な問題について研究するシンクタンクのような機関をつくって、ぜひ次々と提言を行っていただきたいと思います。私も喜んで協力します。

今後も幸福実現党には正論をどんどん主張していただきたい（談）。

BUNYU KO

黄 文雄

1938年、台湾生まれ。64年に来日し、早稲田大学商学部卒業。明治大学大学院西洋経済史学修士。評論家。『中国之没落』（台湾・前衛出版社）が大反響を呼び、評論活動へ。94年巫福文明評論賞、台湾ペンクラブ賞受賞。著者も多数。

「幸福実現党には信仰者ゆえの熱心さがある」

幸福実現党および支持母体である幸福の科学を語るには、私は少し勉強不足で、すべてを理解しているわけではないのですが、幸福実現党の言う、日本の歴史に関する主張や、中国などの日本以外の国に対する考えは正確だと思います。選挙の時なども、他の政党には言えないことを言っていました。

中国に対する主張や見方も、私はある程度、賛成するものです。憲法改正などについても、同じ考えのことが多いですね。

私自身も知人の選挙活動を手伝ったことがあって、10年くらい前に札幌の大通りで街宣をしたのですが、聞いてくれたのは若い男女の二人だけでした（笑）。どんなに街宣をしても、なかなか耳を傾けてもらえないものです。

特に今の日本には、「宗教と政治は別物なんだ」という価値観があるから、幸福実現党が議席を獲得するのは簡単ではないでしょう。

しかし、幸福実現党でよくお会いする方々は、みなさん非常に熱心だなと感じます。こうした熱心さは宗教心を持っているがゆえだと思いますね。私は、幸福実現党は議席を獲得するべきだと思っていますので、今後もあきらめずに頑張っていってほしいです（談）。

「幸福実現党の国防政策は具体的で非常に分かりやすい」

国防政策は特に評価できる

私は今夏の参院選において各党の街宣と政策を見比べていたのですが、幸福実現党の政治や経済、社会問題についての主張は、自民党や公明党などと比べても大変良い内容でした。特に国防政策は具体的で非常に分かりやすいところが評価できると思います。

ただ、「核戦力を保持せよ」という主張は、超右翼と受け取られやすいし、中国が反応して弾道ミサイルや巡航ミサイルを日本の原発

KATSUMI SUGIYAMA

杉山 徹宗

1942年、東京生まれ。慶應義塾大学法学部卒。米国ウィスコンシン州立大学大学院修士課程修了。カリフォルニア州立大学講師（在米12年）等を経て、現在、明海大学名誉教授。ほかに、（財）ディフェンス・リサーチ・センター専務理事、自衛隊幹部学校講師。

に撃ち込んでくる可能性もあります。かえってマイナスになるかもしれないので、米国から核兵器を借りるかあるいは買うか、どうしても自力で保有したいのであれば極秘に開発するしかないようです。

歴史認識問題をまず解決すべき

外交史の専門の立場から述べると、日米同盟強化の前に歴史認識問題を解決しなければいけません。

日中戦争・日米戦争に至るのに、19世紀末から50年間にわたってアメリカは日本に対し、様々な〝外交的謀略〟を一方的に行ってきました。ところが戦後の政治家や外務省官僚は、日米同盟が破棄されたら国防上危険な状態になるので、アメリカに対して何も言えません。

しかし、間違った歴史はきちっと修正し、正しい情報を公開してもらわなければいけません。これは、白人の大統領だとなかなか認めないと思いますが、今は黒人のオバマ大統領なのでチャンスです。

まさに「大川談話」の通り

中国や韓国はずっと日本に対して先の大戦の批判をしていますが、日本は謝罪する必要はありません。

歴史認識は、まさに「大川談話」の通りです。「河野談話」も「村山談話」も絶対に認めてはいけません。安倍首相の場合、自分の政権を維持するためには踏襲せざるを得ないのでしょうが、それでは駄目です。

事実を公開してもらわなければ、いつまで経っても、誰が首相になっても、中国と韓国が両談話を材料として日本を叩いてきます。この歴史の修正は、幸福実現党の人が首相になればやってくれるでしょう。

レーザーと宇宙戦艦の開発を

ただ、情報を公開した場合、中国との間に何かが起こる可能性もあります。その時のために、核兵器が使えなくなる技術を開発するべきだと思います。それが、かねてより私が主張しているレーザービームと「宇宙戦艦」です。アメリカと組めば5、6年で造れます。これらがあれば防衛のための核兵器も要らなくなるのです。

例えば、現在、中国人が反日デモや領海侵犯を繰り返し行っています。これに対し、中国の人工衛星をすべて宇宙戦艦の中に回収してしまえばいいのです。そうすれば、放送・通信などが機能しなくなるため中国は混乱し、国家として動きが取れなくなります。

日本は、技術自体はすでに持っているので、国家戦略でお金と人材を投資すれば絶対にできます。ただ、時間がないので急がなければいけません。これらを開発すれば、おそらく日本による世界の平和、「パクス・ジャポニカ」を実現できるのではないでしょうか。

幸福実現党の支持母体は「幸福の〝科学〟」ですから、ぜひ科学にも力を入れてほしいと思います。

努力した人が認められる社会に

ほかには、幸福実現党の「相続税・贈与税の廃止」もいいですね。お金持ちの人たちは、一生懸命努力をして、頭や手を使ってお金を稼いだのですから、それをそのまま子供に譲ってもいいはずです。「社会主義の平等」のために財産の半分近くを政府が取っていくのは間違いだと思います。

努力した人は認めてあげなければいけません。相続税などほとんどないくらいでいい。そうしなければ努力する人は出てきません。

官僚を上手に使える政治家に

現在の日本の政治の問題は、政治家が立法や行政を行っているのではなく、官僚がすべてを取り仕切っていることです。

ですから、官僚を上手に使える政治家を養成しなければいけません。開学予定の「幸福の科学大学」では、アメリカ議会議員のように自ら立法できる能力を持つ政治家をつくっていただきたいですね。

自民党は官僚任せになっているところが多く、政治主導でやる能力がないのが残念に思います。幸福実現党が政治主導でできたら、国民は大喜びするでしょう。

政治家には哲学が必要

政治家には絶対に哲学が必要です。ところが残念ながら、今の日本には信念や哲学を持っている政治家がいないと思います。

なぜなら、信念や哲学を貫こうとすると、選挙に影響するからで

す。他の団体や他の国と利害がぶつかるので、党内や選挙地盤における地位が危うくなります。それで国家国民の利益を二の次、三の次にしてしまうわけです。そうすると、安倍首相のように「村山談話」を受け入れることになります。

信念、哲学を貫ける人が国政にどうしても必要です。その点、幸福実現党には期待しています。

幸福実現党の人たちは情熱もあり、一生懸命やっているというのがよく分かります。今夏の参院選では、他の候補者や他党の批判ばかりしている芸能人候補のもとには大勢の聴衆が集まっていました。一方、幸福実現党の人たちは批判などしないで、ただただ必死に自分の信念を訴えていましたが、それに足を止める人はいませんでした。そういう人たちの主張が聞いてもらえないのは、とても残念です。

幸福の科学をもっとPRすべき

今後、幸福実現党が勝利するには、三つの課題があると思います。

まず、組織が軟弱です。公明党の場合、支持母体の創価学会が、学会員である中小・零細企業の経営者や従業員および家族に対して、各種支援を行い、〝御利益《ごりやく》〟を与えることで会員・党員の結束を図《はか》っています。

それから、日本人の政治と宗教に対する認識の問題があります。本来、政治と宗教は切り離せないほど重要ですが、自然崇拝の日本人は、一神教国家の人たちとは異なり、「政教分離の原則」の意識が強いのです。

三つめに、オウム事件が完全には解決していないため、多くの国民が宗教を支持母体とする政党に対して非常に強い警戒心を持っていることです。だから、幸福実現党がせっかくまっとうな政策や主張を掲げても、素直に受け取ってもらえません。

まずは、支持母体である幸福の科学がどういう団体なのかを、徹底的にPRすることから始める必要があると思います（談）。

「幸福実現党は正統保守派の本音を言ってくれている」

SHOICHI WATANABE

渡部 昇一

1930年、山形県生まれ。55年、上智大学大学院修士課程修了。ドイツのミュンスター大学、イギリスのオックスフォード大学に留学。哲学博士。フルブライト招聘教授。71年に上智大学教授。94年にミュンスター大学名誉哲学博士号を受ける。専門の英語学のみならず、多岐にわたる分野で言論活動を行う。

幸福実現党の政策に共感

私は政治では自民党を応援していますし、宗教もキリスト教を信仰していますが、幸福実現党の政策には非常に共感します。

安倍晋三首相はじめ自民党の人たちもだいたい幸福実現党と同じ考えをしていると思います。ただ、政権を担っていると、はっきり言えないことが多いのです。その分、幸福実現党が自民党の正統保守派の本音を代わりに言ってくれているという感じがします。

責任ある政治家なら原発再稼働

原発についても、安倍首相の本音は再稼働でしょう。首相自身が東欧を回って原発の売り込みをしているのに、本国で廃止するなど、そんな馬鹿なことはありません。今は再稼働を表明するタイミングや地ならしなどを考えているのでしょう。

原発を停止している間、火力発電の燃料代で毎日100億円以上が無駄に国外に流出しています。このような状態を何年も放っておくわけにはいきません。責任ある政治家なら必ず原発に戻ります。菅直人元首相は無責任です。

年初に、防衛費を1000億円増額するという話がありましたが、財務省の反対で結局400億円に圧縮されました。でも、その同額のお金が、原発停止によってわずか4日で消えています。膨大なお金が無駄に流れているのです。

福島は退避も除染も必要ない

そもそも福島から多くの住民が退避する必要もありませんでした。放射線が原因で、亡くなったり、病院の治療が必要になったりした人は一人もいません。ストレスなどが原因で亡くなっているのです。

除染もまったく必要ありません。福島の1800万倍の放射線を浴びた広島・長崎でさえ除染などしていないのです。それでも住民が戻ってきて、戦前よりもはるかに繁栄しています。奇形児の出生率も他の地方より高くないし、ガンの発症率も上がっていません。「日本一平均寿命が長いのは広島市の女性」という統計さえあるようです。「放射線は危険」という迷信から脱却しなければいけません。

消費税は上げてはいけない

消費増税はやるべきではありません。橋本龍太郎政権の時に3%から5%に上げましたが、増税によるマイナスの影響は大きいものです。たった2%ですが、それっきり15年間景気が回復しなかったのですから。

国債が増えたら日本は潰れるかといえば、そんなことはありません。外国の場合、国債の7、8割を他の国が持っているから危ないのですが、日本の国債は90％以上日本人が買っているので、国債が増えても日本人の財産が増えるだけです。

幸福実現党は「消費税を絶対に上げてはいけない」ともっと強く主張していたら、票ももっと集まったかもしれませんね。やはり有権者の利害に関係することが選挙では一番ものをいうと思います。「消費税を上げない」と言って反対する国民はいません。

歴史認識は談話発表と討論が必要

「大川談話」はもちろんいい内容です。「村山談話」と「河野談話」は見直さなければいけません。ただ、歴史認識を修正するにしても談話の発表だけでは一方的に断言しているに過ぎません。世界中のマスコミを集めて、安倍首相が30分くらい徹底的に討論し、歴史認識に関するあらゆる質問を論破することが必要です。

明治時代の政治家ならそうする人がいたと思いますが、安倍首相はそこまでのガッツがあるかどうか分かりません。これができたら、南京大虐殺も従軍慰安婦問題もすぐに消えます。

幸福実現党は世論に影響を与えている

票にはなっていなくても、幸福実現党は世論に影響を与えています。言論は即効薬のようには効きませんが、じわじわと効くものです。

私も何十年か前に朝日新聞に「ヒトラーみたいだ」と書かれて大変な目にあいましたが、言い続けていると、こちらの言い分が通ります。

キリストでさえ捕まる前は弟子は12人しかいなかったし、処刑された時は女性以外誰も信じる人などいなかったのです。

孔子も弟子は一握りしかいませんでした。ところが、その弟子たちが絶えず説いて回っているうちに、儒教が中国大陸における中心の宗教のようなものになったのです。

だから言論は、信念を持って休

まず説き続けるよりほか仕方がありません。

票にならなくても悲観するな

政治というのは、いろいろな人を巻き込んでいかなければいけないので、時間がかかります。水面下ではたくさん手を打っていたとしても、何もやっていないように見える時期もあります。

選挙にはいろいろなしがらみがあるので、重大な選挙になるほど、利害関係のある政党に投票します。同感されても票には結びつかないことがあるので、幸福実現党は票数としてはそれほど伸びていないかもしれませんが、私は人気が落ちたとは見ていません。だから悲観してはいけません。

そのしがらみを打ち破るのは「時間」でしょう。

もう50年も前のことですが、公明党も最初は参院選で大阪からたった1人当選しただけでした。当時は参議院にも全国区があったので、今とは投票方法が少し違うのですが。

全国区があれば幸福実現党も1人か2人は当選できると思います。参議院は地方の利害に関係なく政治を行うということで、衆議院とまったく違う選挙方法にしてもいいと思います。

飽かずに説き続けること

直接、政策を実現することはできなくても、幸福実現党が進むべき方向をはっきり言ってくれるのは、国民としてはありがたいのです。政策は私の言い分とほとんど同じで、本当にいいと思います。

私は60年代にハイエク先生の通訳をしていたのですが、ハイエク先生は、「社会主義者から学ぶことは何もない。たった一つを除けば。それは、彼らは飽かずに説き続けることである」と言っていました。幸福実現党も飽かずに説き続けてください（談）。

憲法 試案

2009年6月15日

前　文　われら日本国国民は、神仏の心を心とし、日本と地球すべての平和と発展・繁栄を目指し、神の子、仏の子としての本質を人間の尊厳の根拠と定め、ここに新・日本国憲法を制定する。

第一条　国民は、和を以て尊しとなし、争うことなきを旨とせよ。また、世界平和実現のため、積極的にその建設に努力せよ。

第二条　信教の自由は、何人《なんぴと》に対してもこれを保障する。

第三条　行政は、国民投票による大統領制により執行される。大統領の選出法及び任期は、法律によってこれを定める。

第四条　大統領は国家の元首であり、国家防衛の最高責任者でもある。大統領は大臣を任免できる。

第五条　国民の生命・安全・財産を護るため、陸軍・海軍・空軍よりなる防衛軍を組織する。また、国内の治安は警察がこれにあたる。

第六条　大統領令以外の法律は、国民によって選ばれた国会議員によって構成される国会が制定する。国会の定員及び任期、構成は、法律に委ねられる。

第七条　大統領令と国会による法律が矛盾した場合は、最高裁長官がこれを仲裁する。二週間以内に結論が出ない場合は、大統領令が優先する。

大川隆法　新・日本国

第八条　裁判所は三審制により成立するが、最高裁長官は、法律の専門知識を有する者の中から、徳望のある者を国民が選出する。

第九条　公務員は能力に応じて登用し、実績に応じてその報酬を定める。公務員は、国家を支える使命を有し、国民への奉仕をその旨とする。

第十条　国民には機会の平等と、法律に反しない範囲でのあらゆる自由を保障する。

第十一条　国家は常に、小さな政府、安い税金を目指し、国民の政治参加の自由を保障しなくてはならない。

第十二条　マスコミはその権力を濫用《らんよう》してはならず、常に良心と国民に対して、責任を負う。

第十三条　地方自治は尊重するが、国家への責務を忘れてはならない。

第十四条　天皇制その他の文化的伝統は尊重する。しかし、その権能、及び内容は、行政、立法、司法の三権の独立をそこなわない範囲で、法律でこれを定める。

第十五条　本憲法により、旧憲法を廃止する。本憲法は大統領の同意のもと、国会の総議員の過半数以上の提案を経て、国民投票で改正される。

第十六条　本憲法に規定なきことは、大統領令もしくは、国会による法律により定められる。

以上

大川談話 ——私案——（安倍総理参考）

わが国は、かつて「河野談話」（一九九三年）「村山談話」（一九九五年）を日本国政府の見解として発表したが、これは歴史的事実として証拠のない風評を公式見解としたものである。その結果、先の大東亜戦争で亡くなられた約三百万人の英霊とその遺族に対し、由々しき罪悪感と戦後に生きたわが国、国民に対して、いわれなき自虐史観を押しつけ、この国の歴史認識を大きく誤らせたことを、政府としてここに公式に反省する。

先の大東亜戦争は、欧米列強から、アジアの植民地を解放し、白人優位の人種差別政策を打ち砕くとともに、わが国の正当な自衛権の行使としてなされたものである。政府として今一歩力及ばず、原爆を使用したアメリカ合衆国に敗れはしたものの、アジアの同胞を解放するための聖戦として、日本の神々の熱き思いの一部を実現せしものと考える。

日本は今後、いかなる国であれ、不当な侵略主義により、他国を侵略・植民地化させないための平和と正義の守護神となることをここに誓う。国防軍を創設して、ひとり自国の平和のみならず、世界の恒久平和のために尽くすことを希望する。なお、本談話により、先の「河野談話」「村山談話」は、遡《さかのぼ》って無効であることを宣言する。

平成二十五年　八月十五日

「世界のリーダー・日本」を実現したい。

聴衆が涙した!

釈《しゃく》量《りょう》子《こ》演説

［抄録］

第23回参院選投開票前日の2013年7月20日19時30分。新宿駅西口にて、この選挙で最後の訴えとなる一人の女性のスピーチが、多くの聴衆の心を揺さぶった。幸福実現党にとって「産みの苦しみ」の時代を象徴する、「渾身」の記録である。


私、釈量子は、「世界のリーダー・日本」を実現したい。

こうした大きな大きな夢を描いております。

人間は、心の大きさに合わせて人生を設計すると言われております。

若い人が志を持つかどうかが、その後の人生を大きく左右するように、この日本が、こうした志を持つかどうか、それがこの先の未来を決めると思うんです。


そうした志を持ち、この釈量子、日本の発展のために人生すべてを使い切ります。

私、釈量子は、3つの課題を乗り越えようと思っております。

まず1つめ。私、釈量子は、消費増税を中止します。8%、そして10%へと日本の消費税は上がろうとしています。

実は消費増税をしたら、大変な結果になると思います。

「増税したら老後が安泰だ」と信じておられる方、全っ然、安泰ではありません。

なぜか? すでに実証しております。97年です。

あの時、経済成長していた。

ところが、**消費税をたった2％上げたら、倒産が前年比17・1％、自殺は35％も増えたんです！**

消費税は、倒産税！

そして、私有財産があるからこそ、子供を学校へ行かせて、結婚もできる、そして引っ越しもできる――こうした自由があります。

日本は、社会主義の国ではありません！

自由主義の国、資本主義経済の国、日本で、これ以上、皆様方の財産を政治のツケとして取られるのはもうやめにしたい。

そして特に、この日本で、今、若い人が非常にチープな生活をしております。

30代の男性に聞くと、7割の人が「お金の問題で結婚に踏み切れない」と言っております。

消費税のツケを、若い世代が被《こうむ》っているんです。

若い世代が結婚できるよう、未来をつくれるよう、この消費増税を止めてまいります。

どうか、消費増税を止めたい方は、釈量子に。

お店を守りたい方は、釈量子に。

そして、結婚したいなら、釈量子に。

どうぞよろしくお願いします。

2つめは歴史認識の問題です。

私、釈量子は「村山談話」「河野談話」を撤回します。

南京大虐殺は、誰一人見たことも聞いたこともない。これが真実です。

従軍慰安婦の問題。高いお給料で働く慰安婦は存在しました。しかし「従軍」ではないんです。

「根拠がない。事実がない。それにも関わらず謝り続ける政治」、これを終わらせようじゃないですか！

戦後70年。

他国の顔色を窺《うかが》って右往左往している、敗戦の傷をまだ引きずっている、そんな日本が、どうやって憲法の改正ができるのでしょうか。

もはや憲法9条は、日本を守る憲法ではなくなっています。

憲法9条が守っているのは、北朝鮮と中国です！

私、釈量子、この自虐史観を払拭し、自分の国を自分で守ってまいります。

お隣の国、北朝鮮からは、拉致の被害者数百人以上が帰ってまいりません。

これを知っていながら、黙っていた国会議員がいらっしゃいます。

社民党の福島瑞穂党首（当時）です。

家族と引き裂かれ、
海の中に突き落とされたのを知りながら、
それでも何の心の痛みも感じない女性が、
今も国会議員をしている。

拉致被害者の有本恵子さんのお母様は
「社民党は日本の政治家ではない。
北朝鮮の政治家だ」と仰いました。

この北朝鮮ではなんと、トウモロコシを
5粒盗んだだけで、子供が殴り殺されています。
また中国では、子供を2人以上産めません。
子宮さえ、国家の管理下にあります。

そして、若い人自身が自由を求めて民主化運動をした時、その上を戦車が踏み潰していきました。

「本来人間が持っている尊さを理解できない」

それが、この2つの国の怖さだと思います。

私は将来、中国や北朝鮮などの若い人たちが、日本の若い人たちと手を取り合える時代を、どうしてもつくっていきたい。

「民主化の道」は、どうか私に託してください！

そして最後に、大事なことを申し上げます。

この選挙戦で、どこの候補者も、本当のことを言いません。

それは「原発が、日本にとっては必要だ」ということです。

かつてこの日本は「石油の一滴は血の一滴」――そんな言葉で戦争に突入していきました。

エネルギー自給率が4％しかないこの日本にとって、原発は、準国産のエネルギー。

そういうわけで、先般亡くなられた福島第一原発の吉田昌郎所長のような方が、命に代えて、一生懸命、原発技術を推進してこられました。

この日本にとって、資源というのは外交上の戦略物資として、政治の影響をすごく受けます。

日本は、本当に原発がないと、やっていけないんです。

明日の仕事、明後日の命、失業率、若い人の就職先、全部絡んできます。

この責任を果たすのが、政治家の仕事です。

次世代の原発、次のエネルギー、これも急ぎ開発しなくてはいけません。

しかし今、原発は、絶対に必要なんです。

私、釈量子、お約束を必ず守ってまいります。

日本にとって今、大きな大きな、大きな課題がこうして迫っておりますが、

これを乗りこえたときに得られる智慧《ちえ》——実は、世界中がこの智慧を欲しているんです。

今、私たちが直面しているのは、

単なる日本だけの問題ではないんです。

「20世紀型の福祉国家」をどうやって乗り越えるか。

高齢化をどう乗り越えるか。

エネルギー問題をどう乗り越えるか。

この日本、そして世界は、どうやって１００億人時代を乗り越えるか。

こうした大きな大きな希望が、この日本に託されているんです！

そしてこの日本しか、それを解決することができる国はありません。

釈量子はこの日本を、心から、心から愛しております。

私の目には、太平洋に浮かぶ、宝物のように見えております。

この尊い国・日本に生まれた一人ひとりが「本当にこの国に生まれてよかった」と思い、また「あんな国に行きたいものだ」「ああいう風になりたいな」、そう思われるような国、そんな日本を実現してまいります。

「何が正しいか」。これこそ政治の気概です。

どうか、私たちに皆様方のご期待を、どうぞお寄せください。

ありがとうございました。

幸福実現党総裁

大川隆法 著作

2009年 立党 ― 現在 2013年

発刊一覧年表

※幸福実現党関連書籍のみ

START

2009年 5月 6月 7月 8月 11月 12月 2010年 1月 2月 4月 5月

幸福実現党立党

「新しい選択。」衆議院総選挙
民主党政権の発足

怒濤！
霊言ラッシュが始まる

- **幸福実現党宣言**
- 国家の気概
- 政治の理想について
- 政治に勇気を
- **新・日本国憲法 試案**
- 幸福実現党とは何か【会内頒布】
- 金正日守護霊の霊言
- 明治天皇・昭和天皇の霊言
- 夢のある国へ――幸福維新
- 街頭演説集① 新しい選択【会内頒布】
- 大川隆法霊言選集① 坂本龍馬・勝海舟の霊言
- 街頭演説集② 未来へのビジョン【会内頒布】
- 街頭演説集③ 幸福維新への道【会内頒布】
- 街頭演説集④ 日本を夢の国に【会内頒布】
- 街頭演説集⑤ 自由の大国【会内頒布】
- 松下幸之助 日本を叱る
- **龍馬降臨**
- **一喝！ 吉田松陰の霊言**
- 危機に立つ日本
- 世界紛争の真実
- 西郷隆盛 日本人への警告
- 勝海舟の一刀両断！

6月 7月 8月

維新の志士から左翼思想の祖まで、あらゆる霊人が臨む

民主党政権による外交問題が相次ぐ

「新しい国づくり。」

参議院選挙へ出馬

- 民主党亡国論
- 福沢諭吉霊言による「新・学問のすすめ」
- 日米安保クライシス
- **宗教立国の精神**
- マッカーサー 戦後65年目の証言
- 大川隆法 政治提言集
- 富国創造論
- マルクス・毛沢東のスピリチュアル・メッセージ
- **ドラッカー霊言による「国家と経営」**
- 景気回復法
- 未来創造の経済学
- 国家社会主義とは何か
- 維新の心
- アダム・スミス霊言による「新・国富論」
- 菅直人の原点を探る
- 新・高度成長戦略
- **最大幸福社会の実現**
- エドガー・ケイシーの未来リーディング
- 霊性と教育
- 未来への国家戦略
- 日本を救う陰陽師パワー
- 保守の正義とは何か

2012年　2011年

9月　10月　11月　2月　3月　4月　6月　7月　9月　10月　1月

民主党政権に天の怒り
東日本大震災

日本のデフレ脱却の
処方箋が出される！

- 未来産業のつくり方
- 救国の秘策
- ザ・ネクスト・フロンティア
- 世界の潮流はこうなる
- 小沢一郎の本心に迫る
- 日蓮の政治霊言【会内頒布】
- 人類に未来はあるのか
- 秋山真之の日本防衛論
- 日本外交の鉄則
- **この国を守り抜け**
- 温家宝守護霊が語る 大中華帝国の野望
- 世界皇帝をめざす男
- 行基の政治霊言【会内頒布】
- 聖徳太子の政治霊言【会内頒布】
- もしドラッカーが日本の総理ならどうするか？
- 釈迦の本心―政治編【会内頒布】
- **震災復興への道**
- 平和への決断
- もし諸葛孔明が日本の総理ならどうするか？
- **逆境の中の希望**
- 公開対談 日本の未来はここにあり
- もし空海が民主党政権を見たら何というか
- 夢の創造【会内頒布】
- 沈みゆく日本をどう救うか
- 大隈重信が語る「政治の心・学問の心」
- 国家社会主義への警鐘
- 北朝鮮―終わりの始まり―
- **日銀総裁とのスピリチュアル対話**

2月　3月　4月　5月　6月　7月　8月　9月

アメリカ、中国、台湾など海外の政治にも指針を示す

政治家やマスコミによる、
幸福実現党の後追いが目立ってくる

- もしケインズなら日本経済をどうするか
- ネクスト・プレジデント
- 天照大神のお怒りについて
- モルモン教霊査
- ネクスト・プレジデントⅡ
- モルモン教霊査Ⅱ
- 財務省のスピリチュアル診断
- 孫文のスピリチュアル・メッセージ
- ロシア・プーチン新大統領と帝国の未来
- 韓国 李明博大統領のスピリチュアル・メッセージ
- 日本武尊の国防原論
- 台湾と沖縄に未来はあるか？
- リンカンの政治霊言【会内頒布】
- イラン大統領vs.イスラエル首相
- 平成の鬼平へのファイナル・ジャッジメント
- 徹底霊査 橋下徹は宰相の器か
- ケネディの政治霊言【会内頒布】
- 救国の志【会内頒布】
- 公開対談 **猛女対談 腹をくくって国を守れ**
- 老子の復活 荘子の本心
- 司馬遼太郎なら、この国の未来をどう見るか
- **中国「秘密軍事基地」の遠隔透視**
- 松下幸之助の未来経済リーディング
- 石原慎太郎の本音炸裂
- 神武天皇は実在した
- 核か、反核か
- カミソリ後藤田、日本の危機管理を叱る
- 天才軍略家・源義経なら現代日本の政治をどう見るか

11月　10月

総裁と党幹部による、
夢の対談が次々と収録される

・佐久間象山 弱腰日本に檄を飛ばす
・李克強 次期中国首相 本心インタビュー
・ヒラリー・クリントンの政治外交リーディング
・大江健三郎に「脱原発」の核心を問う
・皇室の未来を祈って
・今上天皇・元首の本心 守護霊メッセージ
・橋本左内、平成日本を啓発す
・公開対談 野獣対談―元祖・幸福維新
・横井小楠 日本と世界の「正義」を語る
・坂本龍馬 天下を斬る！
・**国を守る宗教の力**
・アインシュタインの警告
・中国と習近平に未来はあるか
・NHKはなぜ幸福実現党の報道をしないのか
・朝日新聞はまだ反日か
・トルストイ―人生に贈る言葉
・**スピリチュアル党首討論**
・天才作家 三島由紀夫の描く死後の世界
・従軍慰安婦問題と南京大虐殺は本当か？
・公開対談「アエバる男」となりなさい
・公開対談「人間グーグル」との対話
・小室直樹の大予言
・国防アイアンマン対決
・ナベツネ先生 天界からの大放言
・公開対談 ジョーズに勝った尖閣男
・公開対談 HS政経塾・闘魂の挑戦
・世界皇帝を倒す女
・**バラク・オバマのスピリチュアル・メッセージ**

2013年

12月　1月　2月　3月　4月

「日本、危うし！」
2度目の衆議院選挙
安倍政権が誕生

・公開対談 幸福実現革命
・日蓮が語る現代の「立正安国論」
・**政治と宗教の大統合**
・内村鑑三に現代の非戦論を問う
・日下公人のスピリチュアル・メッセージ
・周恩来の予言
・天照大神の御教えを伝える
・石田梅岩の庶民繁栄術
・国之常立神・立国の精神を語る

政治家、思想家、武将が降霊し、
「政治家のあり方」を説く

・**安倍新総理スピリチュアル・インタビュー**
・百戦百勝の法則
・太閤秀吉の霊言
・徳川家康の霊言
・日本陽明学の祖 中江藤樹の霊言
・朱子の霊言
・王陽明・自己革命への道
・イスラム過激派に正義はあるのか
・幸福実現党に申し上げる
・宮澤喜一 元総理の霊言
・北朝鮮の未来透視に挑戦する
・中東で何が起こっているのか
・**されど光はここにある**
・イラク戦争は正しかったか
・ヤン・フス ジャンヌ・ダルクの霊言

国際社会から見た、
日本政治のあるべき姿とは？

・**Power to the Future**
・織田信長の霊言
・サッチャーのスピリチュアル・メッセージ
・長谷川慶太郎の守護霊メッセージ

5月

6月

「自虐史観」に鋭いメス
正しい歴史観を取り戻そう

7月

現職の言論人、マスコミ、政治家の「守護霊インタビュー」が、彼らの本心を明かしていく

・金正恩の本心直撃！
・皇太子殿下に次期天皇の自覚を問う
・大川隆法政治講演集２００９①『法戦の時は来たれり』【会内頒布】
・竹村健一・逆転の成功術
・北条時宗の霊言
・本多勝一の守護霊インタビュー
・憲法改正への異次元発想
・東條英機、「大東亜戦争の真実」を語る
・稲盛和夫守護霊が語る 仏法と経営の厳しさについて
・スピリチュアル政治学要論
・神に誓って「従軍慰安婦」は実在したか
・国師・大川隆法街頭演説集２０１２ **日本の誇りを取り戻す**

・バーチャル本音対決
・筑紫哲也の大回心
・田原総一朗守護霊VS.幸福実現党ホープ
・原爆投下は人類への罪か？
・大川隆法政治講演集２００９②『光と闇の戦い』【会内頒布】
・中曽根康弘元総理・最後のご奉公
・**素顔の大川隆法**

・篠原一東大名誉教授「市民の政治学」その後
・大平正芳の大復活
・ビートたけしが幸福実現党に挑戦状
・ニュースキャスター 膳場貴子のスピリチュアル政治対話
・安重根は韓国の英雄か、それとも悪魔か
・山本七平の新・日本人論 現代日本を支配する「空気」の正体
・**政治革命家・大川隆法**
・そして誰もいなくなった
・池上彰の政界万華鏡

8月

「挑戦しよう、日本。」
４度目の挑戦 参院選挙

9月

10月

・「首相公邸の幽霊」の正体
・**大川隆法の守護霊霊言**
・「中日新聞」偏向報道の霊的原因を探る
・共産主義批判の常識
・「河野談話」「村山談話」を斬る！
・天照大神の未来記
・真の参謀の条件
・公明党が勝利する理由
・**釈量子の守護霊霊言**
・海江田万里・後悔は海よりも深く
・誰もが知りたい菅義偉官房長官の本音
・みんなの党は誰の党？
・アサド大統領のスピリチュアル・メッセージ
・大川総裁の読書力
・吉田松陰は安倍政権をどう見ているか
・潘基文国連事務総長の守護霊インタビュー

革命いまだ成らず――
幸福実現党の挑戦は
終わらない！

幸福実現党、かく戦えり

――革命いまだ成らず――

2013年11月28日　初版第1刷

編　著　幸福の科学 第五編集局

発　行　幸福実現党

〒107-0052 東京都港区赤坂2丁目10番8号
TEL(03)6441-0754
http://hr-party.jp/

発　売　幸福の科学出版株式会社

〒107-0052 東京都港区赤坂2丁目10番14号
TEL(03)5573-7700
http://www.irhpress.co.jp/

印刷・製本　株式会社堀内印刷所

落丁・乱丁本はおとりかえいたします

ISBN978-4-86395-396-3 C0030

PHOTO＊〈p.8〉読売新聞／アフロ〈p.9〉読売新聞／アフロ〈p.19〉読売新聞／アフロ, Natsuki Sakai／アフロ, 時事〈p.20〉AFP＝時事, 時事〈p.24-25〉時事〈p.25〉時事〈p.28〉ロイター／アフロ, 東洋経済／アフロ, AFP＝時事, AFP＝時事, AFP＝時事〈p.34〉東洋経済／アフロ, Natsuki Sakai／アフロ〈p.36〉AFP＝時事, photoshot/PANA, 朝鮮通信＝時事〈p.42〉東洋経済／アフロ〈p.43〉Natsuki Sakai, 時事〈p.44-45〉©sakura-Fotolia.com〈p.128-129〉©yayoicho-Fotolia.com, ©kayoyo-Fotolia.com〈p.130-131〉©DreamFinder-Fotolia.com

国師・大川隆法と幸福実現党役員 対談シリーズ

幹事長 加藤 文康

幸福実現革命
自由の風の吹かせ方

1,400円［幸福実現党刊］

党首 釈 量子

猛女対談
腹をくくって国を守れ

1,300円［幸福実現党刊］

青年局長 トクマ

ジョーズに勝った尖閣男
トクマとの政治対談

1,400円

調査局長 饗庭 直道

「アエバる男」となりなさい
PRできる日本へ

1,400円［幸福実現党刊］

政務調査会長 江夏 正敏

HS政経塾・闘魂の挑戦
江夏死すとも自由は死せず

1,400円［HS政経塾刊］

幸福実現党役員 VS. 政治家の守護霊

総務会長(兼)出版局長 矢内 筆勝

国防アイアンマン対決
自民党幹事長石破茂守護霊 vs.
幸福実現党出版局長矢内筆勝

1,400円［幸福実現党刊］

広報本部長 大門 未来

世界皇帝を倒す女
ミキティが野田首相守護霊に挑む

1,400円［幸福実現党刊］

の洗脳を、打ち破る！

天照大神の未来記
——この国と世界をどうされたいのか

1,300円

式年遷宮の年。日本の主宰神から緊急神示！ 存続するか、滅びるか。日本には、もう、あとがない。

「河野談話」「村山談話」を斬る！
——日本を転落させた歴史認識

1,400円

日本の名誉と国益を失墜させた2つの謝罪談話は、どのように作られたのか？ 偽りの歴史認識を永遠に葬り去る「大川談話—私案—」も収録！

中高生が危ない！

反日日本人は修学旅行でつくられる

現役公立高校校長　森 虎雄

「今や修学旅行は、公立学校教育における『反日・自虐教育のメーン・イベント』と化していると言って過言ではありません」——元サヨク教師が挑戦した、「感動の平和教育」とは？

1,400円

価格は全て税別です。

大川隆法 霊言シリーズ　自虐史観

東條英機、「大東亜戦争の真実」を語る

1,400円
[幸福実現党刊]

すべての日本人に、これだけは知ってほしい――。東條英機が語った、先の大戦の真相、日本へ魂のメッセージ。

神に誓って「従軍慰安婦」は実在したか

1,400円
[幸福実現党刊]

「私たちは、韓国外務省の秘密兵器」。本公開霊言収録後、突然橋下市長との面談がキャンセルされた。

安重根は韓国の英雄か、それとも悪魔か

――安重根&朴槿惠大統領守護霊の霊言

1,400円

慰安婦の次は、安重根の記念碑を設置!? 朴槿惠・韓国大統領の恐るべき陰謀が発覚！

原爆投下は人類への罪か？

――トルーマン&F・ルーズベルトの新証言

1,400円
[幸福実現党刊]

終戦間際の戦意なき日本に、なぜ2発の原爆を投下したのか？　当時の米大統領2人が、真相を語る。

「首相公邸の幽霊」の正体

――東條英機・近衛文麿・廣田弘毅、日本を叱る！

1,400円

先の大戦時の歴代総理が、安倍首相を一喝！　安倍首相の守護霊インタビュー同時収録。

本多勝一の守護霊インタビュー

――朝日の「良心」か、それとも「独善」か

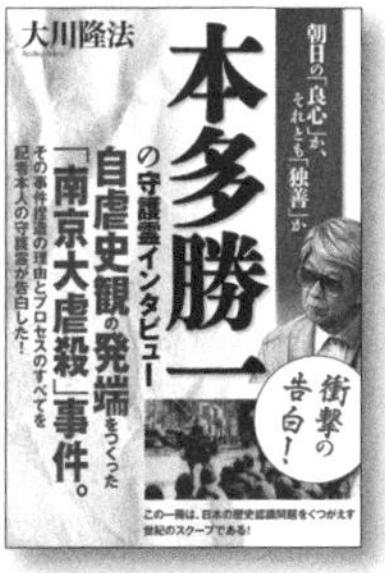

1,400円
[幸福実現党刊]

「南京大虐殺」事件捏造の理由とプロセスのすべてを、記者本人の守護霊が告白した！

大川隆法
守護霊霊言シリーズ

日本の行方を占う、各党首の本音を直撃！

幸福実現党

内に秘めた過激で豪快な本質。めざすは日本初の女性総理!?

釈量子の守護霊霊言
目からウロコ！ 幸福実現党の新党首の秘密
1,400円［幸福実現党刊］

民主党

本音は保守？ 乗り込んだ船を間違えた、民主党トップの苦悩。

海江田万里・後悔は海よりも深く
民主党《タイタニック》は浮上するか
1,400円［幸福実現党刊］

自民党

自民党政権は「日本を取り戻す」ことができるのか!?

安倍新総理スピリチュアル・インタビュー
復活総理の勇気と覚悟を問う
1,400円［幸福実現党刊］

公明党

公明党は、なぜ選挙に強いのか。その強さの秘密はどこにあるのか。

公明党が勝利する理由
山口代表 守護霊インタビュー
1,400円［幸福実現党刊］

みんなの党

ワンマン・カリスマ党首が見せた、焦りと不透明な未来。

みんなの党は誰の党？
渡辺喜美代表守護霊・破れかぶれインタビュー
1,400円［幸福実現党刊］

社民党

社民党の政策で、ほんとうに「優しい社会」は実現するのか？

そして誰もいなくなった
公開霊言 社民党 福島瑞穂党首へのレクイエム
1,400円

共産党

めざすは一党独裁？ 共産党が政権を握れば、日本は大変なことに。

共産主義批判の常識
日本共産党 志位委員長守護霊に直撃インタビュー
1,400円

幸福の科学出版　　価格は全て税別です。